La méditation pour les enfants

Marie-Christine Champeaux-Cunin et Dominique Butet
Préface de Matthieu Ricard

La méditation
pour les enfants

MARABOUT

En hommage à S.E. Gyalwa Dokhampa, Jigme Pema Nyinjadh.

À Alexandra,
à tous les enfants du monde,
et à tous leurs parents.

Illustrations : Adejie

Ritournelle de Yupsi

Texte : Dominique Butet

Musique et flûte traversière : Guillaume Prin

Sommaire

Préface

Proposer d'introduire des temps de méditation dans le cursus scolaire engendre généralement un certain malaise chez les parents et les éducateurs. Mais si on offre à ces mêmes personnes une intervention laïque, fondée sur des travaux scientifiques sérieux, qui améliore l'attention, l'équilibre émotionnel et les relations humaines des élèves, elles l'accueillent avec enthousiasme.

En Angleterre, aux Pays-Bas, aux États-Unis, au Canada et en Australie, pour ne citer que quelques pays, de tels programmes existent depuis plusieurs années et leurs bienfaits ont été évalués sur un grand nombre d'élèves. Ils sont fondés, vous l'avez peut-être deviné, sur la pratique de la méditation ou, pour employer une expression moins chargée culturellement, sur l'entraînement de l'esprit.

Quand on sait qu'un nombre croissant d'enfants souffre de troubles de l'attention, de désordres émotionnels et de difficultés relationnelles, et que l'âge moyen d'une première dépression en Europe occidentale est passé de 27 à 15 ans au cours des vingt-cinq dernières années, on ne peut qu'accueillir avec gratitude des exercices qui renforcent le système immunitaire mental, tout comme l'exercice physique renforce le système immunitaire corporel.

Si l'on demande aux parents ce qu'ils désirent le plus, pour leurs enfants, ils répondent en majorité : le bonheur, la confiance en soi, la joie, l'épanouissement, l'équilibre, la gentillesse, la santé, la satisfaction, l'amour, une conduite équilibrée et une vie pleine de sens. Qu'enseigne-t-on à l'école ? La capacité de réflexion, la faculté à s'adapter à un moule, des compétences en langues et en mathématiques, le sens du travail, l'habitude de passer des examens, la discipline et la réussite. Ces qualités sont indiscutablement utiles et pour la plupart nécessaires, mais l'école peut également enseigner les moyens de devenir de meilleurs êtres humains.

Dans ce contexte, l'ouvrage de Marie-Christine Champeaux-Cunin et Dominique Butet, qui explique la méditation à la fois aux parents et aux enfants, est plus que bienvenu. Les auteurs montrent clairement ce qu'est la méditation (un entraînement de l'esprit pour devenir une meilleure personne) et ce qu'elle n'est pas (une simple relaxation et une vaine tentative de faire le vide en son esprit). La première partie de l'ouvrage informe les parents sur les tenants et les aboutissants de la méditation, tandis que la seconde partie propose des contes didactiques qui permettent aux enfants de pratiquer la méditation de manière vivante et ludique.

Il est important de prendre conscience qu'avec la méditation, nous n'imposons pas aux enfants un mode de pensée artificiel, mais les aidons plutôt à manifester le meilleur d'eux-mêmes. En effet, contrairement aux idées qui ont longtemps prévalu en psychologie, les jeunes enfants ont une prédisposition naturelle à la coopération et à l'altruisme.

Très tôt, même les bébés préfèrent les gens qui se comportent de manière bienveillante envers d'autres personnes à ceux qui les traitent avec hostilité. Dans le laboratoire de Paul Boom à l'université de Yale, des chercheurs ont montré à des enfants de 6 à 10 mois une vidéo dans laquelle une boule munie de gros yeux bien visibles a de la peine à gravir une pente assez raide. Une autre boule entre en scène et lui vient en aide en la poussant par-derrière. Finalement, une troisième boule, nettement distincte de la deuxième, intervient à son tour en poussant vers le bas la première boule qui tentait de gravir le plan incliné, la faisant dégringoler tout en bas de la pente. Quand on tend ensuite aux bébés les deux boules qui sont intervenues, 9 enfants sur 10 tendent les mains vers la boule bienveillante.

À Vancouver, d'autres psychologues ont montré que des enfants de 2 ans étaient plus heureux lorsqu'ils donnaient une friandise à quelqu'un d'autre que quand ils la recevaient eux-mêmes.
À l'Institut Max Planck de Leipzig, Michael Tomasello et Felix Warneken ont établi que, dès l'âge d'un an, alors qu'ils apprennent à peine à marcher et à parler, les enfants manifestent déjà spontanément des comportements d'entraide et de coopération qui ne leur ont pas été appris par des adultes. Il est particulièrement intéressant de noter que si les enfants obtiennent une récompense de la part de l'expérimentateur, leur propension à aider ne s'en trouve pas accrue. C'est même le contraire : on constate que les enfants qui ont été récompensés offrent moins souvent leur aide que ceux auxquels on n'a rien donné. Cela montre que les enfants sont davantage poussés par des motivations internes que par des stimulations externes.
Quant aux programmes d'entraînement par la méditation à l'attention et à la bienveillance, ils ont déjà fait leurs preuves, comme cela a été montré par le « cursus de bienveillance » mis en application par l'équipe du neuroscientifique Richard Davidson dans des écoles maternelles à Madison, dans le Wisconsin aux États-Unis, ou par le programme de « thérapie cognitive basée sur la compassion » mis en place à l'université Emory, à Atlanta, par le psychologue Chuck Raison, pour des enfants vivant en famille d'accueil après avoir souffert de traumatismes ; on peut aussi citer le programme d'éducation fondé sur les valeurs de Neil Hawkes en Angleterre, ainsi que les programmes de développement de l'intelligence émotionnelle enseignés dans des centaines d'écoles de par le monde.
De la conception que l'on a de l'enfance dépendent les pratiques éducatives que l'on va mettre en œuvre. Si l'on reconnaît que l'enfant naît avec une propension naturelle à l'empathie et à l'altruisme, son éducation servira à accompagner et à faciliter le développement de cette prédisposition.

Une éducation éclairée doit donc mettre l'accent sur l'interdépendance qui règne entre les hommes, les animaux et notre environnement naturel, pour que l'enfant acquière une vision holistique du monde qui l'entoure et contribue de manière constructive à la société dans laquelle il évolue en mettant davantage l'accent sur la coopération que sur la compétition, et sur la sollicitude que sur l'indifférence.
Nous sommes convaincus que la lecture et la mise en application du souffle magique de *Yupsi le petit dragon* offriront de précieux outils pour mettre en œuvre une éducation qui, pour paraphraser Aristophane, ne consiste pas seulement à remplir un vase, mais à allumer une flamme, celle de la joie de vivre et d'apprendre, pour notre propre bien et celui de la société.

Matthieu Ricard

Introduction

Être parent au XXIe siècle n'est vraiment pas chose aisée !
Bien souvent, nous nous sentons dépassés par ce monde en mutation accélérée et démunis quant aux réponses éducatives attendues par nos enfants. Non seulement nous souhaitons leur donner une éducation qui leur permettra d'être des individus heureux et accomplis, mais également les préparer à mieux vivre tous les changements de société auxquels ils seront inévitablement confrontés et le stress croissant consécutif à cette évolution. Un vrai casse-tête des temps modernes !
Pour toutes ces bonnes raisons, nous pouvons nous demander si de nouvelles méthodes d'éducation ne devraient pas être appliquées. Aux États-Unis et au Canada, plusieurs équipes expérimentent déjà de nouvelles voies, parmi lesquelles l'introduction de la méditation dès la maternelle.
Inspiré de ces recherches, *Yupsi le petit dragon* vous propose une méthode qui vous permettra de faire l'expérience de la méditation avec votre jeune enfant, et ce dès l'âge de 3 ans. Il est clair que les pratiques sélectionnées dans cet ouvrage sont tout à fait laïques et peuvent être suivies indépendamment de toute conviction philosophique ou religieuse.
Il n'est pas indispensable de fréquenter les salles de yoga ou de taï chi, ni d'être soi-même rompu à ce genre d'exercice méditatif, pour tenter l'aventure. Vous trouverez, dans le « livre premier », un petit guide présentant de manière simple et complète la méditation, afin que vous en compreniez les fondements, la richesse et tous les bienfaits que pourra en retirer votre enfant en matières de santé, de gestion des émotions et de réussite scolaire.
Ensuite, dans le « livre second », vous découvrirez toutes les clés pratiques pour mettre en place la méthode du souffle magique de

Yupsi le petit dragon. Chaque soir, votre enfant pourra vivre les aventures de son dragon préféré au travers de petits contes teintés de bienveillance et se laissera guider par son souffle magique pour expérimenter des respirations puis des méditations qui lui apprendront à trouver le calme et à stabiliser ses émotions. Ainsi, il se créera une sorte de sécurité intérieure qui l'aidera à grandir plus sereinement et l'accompagnera, tel Yupsi, tout au long de sa vie. En initiant votre enfant à la méditation, c'est comme si vous semiez une graine pour l'avenir : le résultat dépendra bien sûr de sa personnalité, mais aussi de la conviction que vous mettrez à partager ces moments privilégiés avec lui. Sachez que tous les enfants peuvent y parvenir, si on allie un minimum de régularité et de persévérance à cet entraînement du cœur et de l'esprit. Il vous appartiendra ensuite d'observer les effets produits et de déterminer, à la suite du test ludique des « gommettes-cadeaux », si l'expérience vaut la peine d'être poursuivie !

Vous l'aurez compris, offrir à son enfant la possibilité de méditer dès le plus jeune âge et pratiquer avec lui en étant pleinement présent, est sans doute l'un des plus beaux cadeaux que l'on puisse lui faire. Pour sa vie d'enfant et de futur adulte.

Nous vous souhaitons donc une agréable lecture, une bonne pratique et de merveilleux échanges avec votre enfant autour de Yupsi et de son souffle magique.

LIVRE PREMIER

Guidez votre enfant dans sa première méditation

I

Une pratique ancestrale

Dans un quotidien pétri d'agitation, trop peu de parents encore connaissent la méditation et ses effets positifs sur l'éducation de leurs enfants.
Certains en ont vaguement entendu parler…
Mais combien en saisissent vraiment l'importance ?
Si – comme nous l'espérons – cela vous intéresse, nous vous proposons d'acquérir un minimum de connaissances pour pouvoir aider votre enfant et le guider dans cette nouvelle expérience.
Afin de répondre à toutes les questions que vous êtes en droit de vous poser sur la méditation, nous allons essayer de la définir au mieux et d'en étudier les bienfaits.
Nous vous proposerons ensuite quatre pratiques méditatives de base.

1

Qu'est-ce que la méditation ?

Le terme « méditation » recouvre différentes significations selon que l'on se réfère à l'Orient ou à l'Occident, que l'on recherche un simple mieux-être ou que l'on soit en quête de spiritualité.

Deux amies déjeunent ensemble. L'une dit à l'autre : « Tu fais de la méditation, toi ? » Son amie lui répond : « Oui, bien sûr. Je viens de m'inscrire à un cours. Et toi, tu t'es finalement lancée ? » « Oh, oui, répond la première, je m'y suis mise il y a quelque temps. Cela me fait un bien fou ! » En réalité, si on cherchait à approfondir, on verrait que les deux amies ne parlent pas du tout de la même chose. L'une s'est inscrite à un cours de yoga comportemental, tandis que l'autre utilise des techniques de relaxation en suivant scrupuleusement les instructions d'un CD dont elle vient de faire l'acquisition. Aussi, aucune des deux n'a vraiment commencé à pratiquer la méditation.

Souvent, parmi les personnes non initiées, on trouve également l'idée très répandue que, pour méditer, il suffit de s'asseoir sur un coussin et de « faire le vide dans sa tête ». Or, cette conception de la méditation est fausse. Le flux des pensées ne se laisse pas aussi facilement canaliser. Le moins que l'on puisse dire, c'est que le mot « méditation » tel qu'on l'emploie, est complexe. Il est recouvert des mystères de l'Orient, voire parfois d'un léger voile ésotérique sulfureux. Cela vaut donc la peine de s'arrêter un instant sur tout ce qui se cache derrière ce terme afin que vous puissiez ensuite accompagner au mieux votre enfant sur la voie de la méditation.

L'origine orientale de la méditation

C'est en Inde sans doute, au deuxième millénaire av. J.-C., que l'on trouve dans les Védas les premières traces écrites de la méditation – mais certains spécialistes pensent qu'elle a existé bien avant. Elle revêtait alors la forme de mantras, ces formules sanscrites destinées à être répétées à l'infini pour produire un effet grâce à l'énergie du son. Généralement récité à voix haute, le mantra – en sanskrit, le mot *mantra* signifie « qui protège l'esprit » – fait partie intégrante du yoga, mot qui vient du sanskrit *jug* et qui signifie « relier », « unir », notamment le corps, le cœur et l'esprit.

À partir du premier millénaire av. J.-C., le brahmanisme et le jaïnisme enrichissent les pratiques de méditation et, au VIe siècle av. J.-C., la méditation apparaît comme la pratique fondamentale du taoïsme en Chine et du bouddhisme en Inde.

Dans le bouddhisme, on découvre que « méditation » vient du terme sanskrit *bhâvanâ*, qui signifie « prendre soin de », « cultiver », et du terme tibétain *gom*, qui veut dire « se familiariser avec ». La méditation sert donc à cultiver l'esprit afin d'en dévoiler les qualités cachées. Matthieu Ricard définit celle-ci comme « un outil qui doit nous servir à devenir meilleurs et mettre nos qualités au service des autres. C'est une pratique et une méthode qui nous permettent d'actualiser un potentiel qui est en nous-mêmes. C'est un entraînement de l'esprit à la vigilance, la bienveillance et la compassion. C'est une voie qui mène à une parfaite liberté intérieure et une juste connaissance de la réalité ultime des choses ».

Une personne bouddhiste cherche donc à acquérir une véritable connaissance de soi et du fonctionnement de son esprit. Par la pratique méditative, elle prend peu à peu conscience de tout son potentiel intérieur et devient de plus en plus attentive aux autres et à son propre comportement.

Il s'agit d'un travail progressif au long cours. Le nouvel état mental acquis, tranquille et altruiste, va peu à peu se stabiliser. Le but est d'aider les autres pour qu'ils soient délivrés des causes de leurs souffrances et ne soient jamais séparés du vrai bonheur. Dans le bouddhisme, on considère que si les êtres apportent amour, bonté et compréhension authentiques autour d'eux, alors ils en recevront les bienfaits directs dans cette vie ou dans la suivante.

Les nombreuses voies de l'Occident

À la simple évocation du mot « méditation », la plupart des Occidentaux pensent immédiatement à l'Orient. C'est oublier qu'il a été abondamment employé dès l'Antiquité par les philosophes grecs et par l'Occident chrétien au Moyen Âge. De fait, le mot « méditation » est né du grec *mélété*, qui signifie « entraînement » ou « exercice », et il a été transcrit en latin par *meditatio*, qui, dans le monde occidental, signifie plutôt « porter attention à un objet de pensée »… Ce qui en fait une pratique contemplative à part entière et ce, dès les temps anciens.

Du point de vue de la philosophie, dès la fin du ve siècle av. J.-C., la méditation prend une place de choix dans les débats. Socrate, qui est considéré comme le père de la philosophie occidentale, centre principalement son étude sur l'être humain. Il s'interroge sur la connaissance de soi, la recherche du vrai et du beau, la notion du bien et celle de l'immortalité de l'âme. Pour lui, être philosophe, c'est pouvoir faire retraite au plus profond de soi-même et la méditation en est l'instrument principal. Il est en cela suivi par Aristote, fondateur de l'école péripatétique du Lycée, appelée ainsi parce que le Lycée est situé sur un lieu de promenade (*peripatos*) où le maître enseigne en marchant. Aristote, dans *L'Éthique à Nicomaque*, distingue trois formes de bonheur : le plaisir, la politique et la méditation. Seule cette dernière trouve grâce à ses yeux, car « seule la vie contemplative peut contenter le sage lui permet de vivre selon la raison, en harmonie avec la nature de l'homme et celle de l'Univers ». Un demi-siècle plus tard, Épicure proposera quant à lui une méditation plus thérapeutique qui met en œuvre des techniques susceptibles de surmonter la douleur.

Chez les Pères fondateurs de l'Église, théologiens en quête de Dieu qui ont établi la doctrine chrétienne à la suite des Apôtres aux environs du IVe siècle de notre ère, la réflexion s'est plutôt fondée sur les moyens d'unir le corps, l'âme et l'esprit. Celle-ci a permis à la tradition chrétienne orientale de développer des outils puissants de concentration et de relaxation. Aujourd'hui encore, la prière du cœur – ou hésychasme (qui vient du grec *hesuchia*, qui signifie « tranquillité » ou « silence ») – est pratiquée par les moines du mont Athos. C'est la voie spirituelle fondamentale de l'orthodoxie.

Dans l'Église romaine, c'est l'oraison silencieuse, où le fidèle tente de faire silence en lui pour s'ouvrir à Dieu, qui semble la plus utilisée. Au XVIe siècle, Ignace de Loyola, fondateur de la Compagnie de Jésus, propose ses *Exercices spirituels*, encore utilisés aujourd'hui.

Dans le judaïsme, la kabbale extatique, entre autres, met l'accent sur la méditation à partir des lettres de la Torah et les soixante-douze noms de Dieu. Quant à la méditation soufie, elle se nourrit du Coran, qui invite à l'introspection et se pratique dans la contemplation par l'invocation intensive des noms d'Allah.

La méditation contemporaine en Occident

Depuis quelques années maintenant, un nouveau courant de méditation laïque connaît un franc succès en Occident. Préconisé par différentes écoles de psychothérapeutes, il est pleinement associé au bienfait thérapeutique.

C'est dans les années 1980 qu'émerge le programme MBSR, plus connu sous le nom de *Mindfulness* – ou Pleine Conscience –, qui développe des techniques thérapeutiques dérivées de la méditation, pour surmonter le stress, l'anxiété et la maladie. Le professeur émérite de médecine Jon Kabat-Zinn ouvre la première clinique de réduction du stress ainsi que le Centre pour la pleine conscience en médecine, à l'Université médicale du Massachusetts. Aujourd'hui, plus de 5 000 médecins à travers le monde se réfèrent à ses travaux lorsqu'ils sont aux prises avec la souffrance humaine. En France, le psychiatre Christophe André ose relever le défi de la thérapie cognitive fondée sur la pleine conscience (MBCT). À l'hôpital Sainte-Anne, où il exerce dans l'unité de psychothérapie comportementale et cognitive, il traite en particulier les troubles émotionnels anxieux et dépressifs.

Ces programmes du *Mindfulness* se situent à la croisée de deux univers en apparence opposés : la tradition philosophique orientale avec les pratiques de méditation bouddhiste d'un côté et, de l'autre, la recherche scientifique occidentale menée en psychologie et en neurosciences.

Les exercices proposés par le *Mindfulness* sont dérivés de l'entraînement de l'esprit recommandé par le bouddhisme tibétain. Mais l'objectif de chacun est assez différent : le *Mindfulness* a une visée thérapeutique, on médite pour que le corps se sente mieux, qu'il puisse trouver une aide pour faire face à des protocoles médicaux parfois lourds ou pour que les troubles émotionnels s'estompent.

Dans cette démarche, on s'intéresse surtout à soi. D'ailleurs, on parle de « développement personnel ». C'est assez restreint. En revanche, lorsque l'on s'engage dans la méditation bouddhiste, la motivation première est de se transformer pour devenir un être capable d'amour altruiste et empli de compassion pour les autres.

2

Pourquoi méditer ?

Nous sommes nombreux à être déçus par notre mode de vie contemporain. Notre quotidien est rempli de multiples activités, mais cela ne semble jamais suffisant pour que nous nous sentions vraiment heureux. Lorsque, par chance, nous connaissons des moments de paix intérieure, cela n'est malheureusement pas durable. Les soucis reviennent vite nous perturber. Et nous pensons souvent que c'est notre façon d'être qui est responsable de ces récurrences et qu'il est impossible de changer quoi que ce soit à ce processus. Nous ressentons alors de la souffrance devant cette inévitable insatisfaction et, parfois même, nous en infligeons aux autres.
Pour remédier à ces souffrances, un entraînement de notre esprit peut nous venir en aide et nous apporter de nombreux bienfaits. Bien entendu, si nous voulons que ces bienfaits soient durables, il est indispensable que nos pratiques méditatives soient les plus régulières possible ; il faut donc les inclure dans notre vie quotidienne. C'est un nouveau mode de vie que nous adoptons. Quels sont donc les bienfaits de la méditation qui vont nous conduire à redéfinir notre façon de vivre et celle de notre enfant ?

Créer de l'espace autour de ses pensées, pour un esprit plus paisible

Au tout début de la pratique, même après quelques jours assidus, les bienfaits de la méditation seront encore difficiles à évaluer. Mais ne vous découragez pas. Dans le cas d'un entraînement sportif, il est plus facile de voir le fruit de ses efforts en quelques séances – le coureur pourra se fier à son chronomètre, le patineur artistique va réussir son triple saut. Dans le cas de la méditation, donc d'un entraînement de l'esprit, rien n'est aussi tangible, pourtant le mécanisme est le même. Il suffit d'avoir un minimum d'enthousiasme et d'intérêt pour l'exercice – donc d'être pleinement conscient et convaincu de ses bienfaits – et il faut être prêt à faire des efforts pour y arriver. Il n'y a pas de raison que l'esprit échappe aux contraintes d'un entraînement régulier, car les contraintes du corps et de l'esprit sont les mêmes.

EN BREF

Chaque fois que nous faisons un exercice d'entraînement de l'esprit, prenons l'habitude, à l'issue de celui-ci, d'observer ses bienfaits sur notre esprit. Comment nous sentons-nous ? Sommes-nous plus calmes ? Vous serez sans doute surpris de ressentir peu à peu une différence encourageante.

Progressivement, suivant la régularité de notre méditation, notre façon de voir les choses va changer et notre esprit sera plus paisible, moins en proie à la confusion. Une distance va se créer entre nous-mêmes et les situations quotidiennes auxquelles nous sommes confrontés – qu'elles soient agréables, contrariantes ou même difficiles. Cela ne nous empêchera pas d'agir, mais nous le ferons de manière plus calme, plus contrôlée, avec plus de patience, en « pleine conscience ».

Ainsi, la méditation peut changer notre manière de penser et d'agir. Le fait de développer un espace intérieur va nous permettre de marquer une micro-pause avant de réagir face à un événement. Cette pause salvatrice va faire grandir la confiance en nous. Par conséquent, nous n'aurons plus à craindre qu'une situation nous échappe et nous prendrons alors le temps de choisir les mots les plus justes. Par exemple, pour gronder notre enfant turbulent, nous emploierons des termes certes fermes, mais empreints d'amour, et non plus des mots d'impatience ou d'exaspération. Et dans notre travail, ce petit temps de réflexion pourra nous éviter bien des erreurs engendrées par la précipitation.

QUELQUES BIENFAITS D'UN ESPRIT PLUS VASTE

Par une pratique régulière, chacun d'entre nous pourra être :

- plus créatif
- plus confiant
- plus performant
- plus vigilant pour observer ses pensées et ses émotions
- plus patient
- plus tolérant
- plus équilibré et détendu
- plus attentif aux autres
- présent ici et maintenant

Affaiblir les émotions perturbatrices

Méditation *vs* Relaxation

Cela se passe en Bretagne, par un bel après-midi ensoleillé. Dans cet atelier de méditation du Dr Hugues Gouzènes sur le calme mental, chacun s'applique et se concentre sur le va-et-vient de son souffle. Les ventres se gonflent, le souffle monte par le canal central vers la tête. Les pensées distrayantes viennent mais ne sont pas saisies – pas question de se lancer dans une grande conversation avec soi-même ! Elles sont comme des poissons. Elles sautent hors de la rivière, mais elles y retournent immédiatement. Les ventres se creusent et tous expirent doucement. L'exercice dure une demi-heure. Un sentiment de tranquillité gagne les esprits, une sorte de joie naît chez certains. La paix règne dans la grande salle. C'est alors qu'une participante pousse un gros soupir de satisfaction et dit : « Ah, c'était vraiment super ! L'air est léger en bordure de forêt. J'ai respiré à fond et maintenant, j'ai le cerveau bien oxygéné ! Je suis toute relaxée ! » Cette participante semble bel et bien avoir confondu relaxation et méditation. La relaxation profonde apporte un sentiment de bien-être sur le moment. Pratiquée régulièrement, elle peut même apporter un mieux-être. Elle atténue les effets désastreux des émotions négatives, protège de fait notre santé et permet de mieux supporter la souffrance. La méditation, quant à elle, nous emmène plus loin que la relaxation, puisqu'elle vise à mettre en valeur tout notre potentiel humain pour nous transformer durablement en une personne plus aimable et plus attentive aux autres. Il faudra bien sûr une pratique régulière et sur le plus long terme pour parvenir à affaiblir les émotions négatives, puis à s'en libérer.

La preuve par les neurosciences

Le cerveau n'est pas immuable et, pour cause, des recherches scientifiques dans le domaine de la « neuroplasticité » confirment que les exercices d'entraînement de l'esprit propres à la méditation modifient petit à petit nos câblages cérébraux. Cela apporte la preuve qu'il est tout à fait possible de modifier notre façon de voir les choses. Ainsi, un choix s'offre à nous : continuer à vivre comme nous le faisons aujourd'hui ou tenter de nous transformer. Il appartient à chacun d'entre nous de formuler sa propre réponse.

Les neurosciences, après une première étude publiée en 2004 menée dans le laboratoire de Richard Davidson à l'université de Madison, dans le Wisconsin, ont mis au jour l'impact de la méditation sur la gestion des émotions destructrices. Les méditants testés lors de cette première étude, tous de tradition bouddhiste tibétaine, totalisaient entre 10 000 et 50 000 heures de méditation. Au moment où les sujets méditaient sur la compassion, on a constaté une augmentation remarquable des oscillations rapides dans des fréquences dites « gamma », « d'une magnitude qui n'avait encore jamais été décrite dans la littérature des neurosciences, écrit Richard Davidson. Cela semble démontrer que le cerveau peut être entraîné et modifié physiquement d'une manière que peu de personnes peuvent imaginer ». Ainsi, ces études sont à même de nous faire découvrir – ou plutôt de nous faire redécouvrir – à quel point les pratiques millénaires de méditation peuvent nous aider à relever les défis propres au XXIe siècle.

Plus récemment, une discipline émergente, la « neuroscience sociale », montre que la relation aux autres a une importance jusqu'ici insoupçonnée. Daniel Goleman, dans son ouvrage *Cultiver l'intelligence relationnelle*[1], souligne qu'il nous faut agir avec sagesse et que « cette vision nouvelle nous amène à inclure, dans le cadre de l'intelligence relationnelle, des aptitudes telles que l'empathie et le souci de l'autre qui enrichissent les relations. […] Les implications de ces découvertes […] nous incitent à *réévaluer notre façon de vivre* », poursuit-il. Il va sans dire que cette invitation de Daniel Goleman sera sans doute totalement aboutie si on l'accompagne de méditations pour l'ouverture du cœur, le développement de la bienveillance, de la tolérance et de l'altruisme.

La gestion de la colère

Une mère de famille débordée a oublié de récupérer le costume de son mari chez le teinturier. Le soir, la colère éclate. Le mari est furieux. Il avait besoin de ce costume pour se rendre à une réunion à l'étranger. Son avion part de bonne heure le lendemain. Sa femme lui répond sans ménagement. Exaspérée, elle le suit dans sa colère. Le ton monte, les mots affluent, de plus en plus violents, ils « dépassent la pensée ». Parfois, on constate que les mots produisent des effets irréversibles pour les relations futures.

« Lorsque quelqu'un déverse sur nous des émotions toxiques, il ou elle active en nous les circuits de ces mêmes émotions, explique Daniel Goleman. Nous attrapons les émotions fortes comme nous attrapons un virus, ce qui nous donne l'équivalent émotionnel d'un bon rhume. »

À ce moment-là, plutôt que de suivre l'autre par une réaction immédiate non contrôlée, essayons de pratiquer la compassion et la tolérance. Utilisons l'espace intérieur qui s'est développé en nous grâce aux pratiques méditatives. Il n'est pas possible de maîtriser l'autre, mais nous pouvons maîtriser nos propres réactions. Nous devons nous donner le temps de contempler notre colère pour arrêter le feu de la dispute et ne pas nous laisser emporter à notre tour. Un bon antidote est de faire appel à des sentiments de tolérance et de penser que l'autre a peut-être eu, lui aussi, une dure journée. Dans l'exemple ci-dessus, la femme pourrait peut-être soutenir son mari si cette réunion à l'étranger est importante pour lui. Nous pourrons d'autant mieux juguler la colère si nous avons fait les méditations (proposées au chapitre suivant) quelques minutes par jour.

À ce stade du livre, certains d'entre vous vont penser : « C'est tout ? Mais tout ça n'est que du bon sens, c'est évident. Je le sais déjà. » En réalité, il y a un monde entre la théorie et la pratique. Ainsi que se plaît souvent à dire la psychanalyste Nicole Fabre, « ce n'est pas parce que vous avez lu un livre de cuisine que vous êtes une bonne cuisinière, ni parce que vous avez lu tous les livres sur la psychanalyse que vous êtes psychanalyste ! » Ce n'est qu'en passant par le stade concret d'un entraînement de l'esprit assidu que nous pourrons nous montrer réellement compatissants et tolérants dans la vie quotidienne.

La gestion de la jalousie

La jalousie est sans doute la réaction émotionnelle la plus pathétique. Personne n'a envie de l'éprouver tant elle nous condamne à une insatisfaction chronique et à une grande souffrance.

Les remèdes proposés ci-dessous peuvent paraître simplistes ; en réalité, ils sont très efficaces.

- Quand nous voyons des individus beaux et fortunés, réjouissons-nous pour eux au lieu de nous laisser gagner par la jalousie.
- Quand nous voyons quelqu'un faire le bien, réjouissons-nous au lieu de le critiquer avec malveillance.
- Quand nous voyons quelqu'un d'heureux, réjouissons-nous aussi. S'il a du succès, tant mieux.

Pourtant, arriver à cela est difficile, mais avec un peu d'entraînement de l'esprit, c'est tout à fait possible. Renonçons surtout à la volonté de surpasser les autres en permanence.

L'omniprésence du stress et de l'anxiété

Hans Selye, lorsqu'il terminait ses études médicales à l'université de Montréal, dans les années 1920, fut le premier à employer le terme de « stress ». Il avait remarqué que tous les patients, quelles que soient leurs souffrances, avaient quelque chose en commun : ils avaient tous l'air malade. Selon lui, ils subissaient tous un stress physique dû à la maladie. Le stress est donc de ce point de vue la réaction d'un organisme qui se sent menacé. À petites doses, il peut être bénéfique et fournir l'énergie nécessaire à cet organisme pour affronter les difficultés quotidiennes. Mais s'il est présent de façon constante ou prolongée, il peut avoir un effet négatif sur notre santé.

Aujourd'hui, le stress est partout : au travail, dans les relations conjugales ou familiales, suite à un événement traumatisant. Et, en période de stress, tout va mal. Nous ne savons pas comment nous pourrons nous en sortir. Résultat : l'anxiété nous envahit.

Pour le dépister, certains spécialistes recommandent de nous surveiller si :

- nous nous sentons débordés en permanence ;
- nous réagissons systématiquement de façon négative à une situation ;
- nous réagissons de façon excessive aux causes mêmes du stress.

La meilleure façon de calmer notre esprit stressé est de faire 20 minutes de méditation par jour, en travaillant de préférence sur le souffle (*voir les deux méditations proposées au chapitre suivant*). Sachez que lorsqu'on est stressé, on n'a pas forcément envie de méditer, un peu plus de volonté sera donc nécessaire. On ne peut tout de même pas attendre que l'ambiance soit bonne pour commencer !

Comme la meilleure façon de combattre le stress est d'œuvrer à sa prévention, il est important de faire le travail de transformation sur nous, même quand tout va bien. Nous serons ainsi mieux préparés quand une situation stressante se présentera. La *méditation de la gratitude* proposée au chapitre suivant, ainsi que celle *du changement*, sont extrêmement utiles comme entraînement de l'esprit. Plus nous les pratiquerons régulièrement, plus nous augmenterons notre capacité à faire face à n'importe quel événement stressant.

L'apport de la méditation vient même d'être démontré pour les personnes âgées qui souffrent d'un stress lié à la solitude et à l'abandon, ce qui peut causer des problèmes cardio-vasculaires, voire la maladie d'Alzheimer. Dans leur cas, la pratique de la méditation réduit ce sentiment de solitude. Certes, cela ne veut pas dire que la méditation est la solution au problème des personnes âgées, mais elle est de nature à leur apporter un peu de réconfort.

Renforcer la santé : prévenir, combattre, récupérer

Une bonne gestion des émotions perturbatrices aura des effets sur la santé à trois niveaux : la prévention de la maladie elle-même, son combat si elle est déjà installée et lors de la récupération en période de convalescence. À titre d'illustration, des études scientifiques ont démontré que :

- une personne qui vient de faire une grosse colère voit – dans les deux heures qui suivent – son risque d'infarctus multiplié par cinq et son risque d'AVC multiplié par trois ;
- une personne incapable de faire face à son stress va voir ses défenses immunitaires diminuer, souffrir de phénomènes chroniques d'inflammation et, à l'échelle des cellules, l'usure des chromosomes s'accélère. Capaccio, directeur du *Center for Cognitive and Social Neuroscience* à l'université de Chicago, a relevé un lien entre une relation stressante et des poussées d'hormones de stress si violentes qu'elles endommagent certains gènes contrôlant les cellules du système immunitaire.

Par ailleurs, un groupe de l'université de Davis, en Californie, a prouvé que trois mois intensifs de méditation stimulaient l'activité des télomérases, enzymes essentielles dans la protection contre le vieillissement cellulaire. Dans l'activité de méditation, l'organisme générerait des endorphines comme lors d'une activité sportive, ce qui est bénéfique pour notre moral.

Il semble donc que les techniques de méditation exposées au chapitre suivant soient bénéfiques pour notre santé. L'entraînement de notre esprit va nous permettre de prendre soin de notre corps.

Preuve que cet enjeu sur la santé est majeur : entre 1970 et 2012, le nombre d'études scientifiques sur l'incidence de l'activité de la méditation d'inspiration bouddhiste est passé de 10 à près de 500 par an, selon les données citées dans un article de Jon Kabat-Zinn, dans l'ouvrage *Se changer, changer le monde*. Les résultats cités sont particulièrement significatifs dans les cas de dépression, d'addiction, de déficit de l'attention et du traitement de la douleur.

QUELQUES BIENFAITS SUR LA SANTÉ

- Protection cardio-vasculaire.
- Protection du système immunitaire.
- Protection contre le vieillissement cellulaire.
- Aide lors du traitement des cancers ainsi que pendant la phase de récupération.
- Traitement de la douleur.
- Aide pour le traitement des syndromes addictifs et dépressifs.
- Aide au déficit de l'attention.
- Meilleur contrôle du poids.

Christophe André met également l'accent sur l'impact des émotions positives sur la santé. Celles-ci rééquilibreraient notre système nerveux parasympathique et freineraient le vieillissement cellulaire, gage de longue vie. Parmi les plus bénéfiques figurent justement la gratitude et la bienveillance, deux sentiments qui amélioreraient notre immunité. *(La* méditation de la gratitude *proposée au chapitre suivant est également contenue dans les toutes premières méditations proposées aux enfants.)*

La *méditation de la gratitude* est le gage d'un bon système immunitaire et d'une longue vie.

Être plus performant au travail

Assez récemment, c'est-à-dire au début du XXIe siècle aux États-Unis et depuis environ cinq ans en France, le *Mindfulness* a commencé à pénétrer le monde du travail. Chaque jour, de nouvelles entreprises se lancent dans l'aventure de la méditation, les employés et les patrons concernés la pratiquent quelques minutes par jour. Chez Google, par exemple, la méditation a fait son entrée officielle avec les cours de Chade-Meng Tan. En France, des entreprises comme Sodexo ou la Maif, pour ne citer qu'elles, mettent également en place des programmes de *Mindfulness*.

La méditation deviendrait-elle un produit marketing comme un autre ? Si l'entreprise envisage de se transformer, elle le fait pour que nous soyons encore plus efficaces et performants au travail, mais pas seulement. Nos émotions mieux gérées nous permettront de meilleures relations avec notre patron et nos collègues. Nous choisirons mieux les mots pour être entendus et les conflits seront plus facilement désamorcés. Cette amélioration de la qualité de nos rapports humains va peu à peu amener notre entreprise à être un lieu où il fait bon travailler, dans un climat de plus grande confiance vis-à-vis des autres. Et notre enjeu individuel est important : il s'agit de gérer notre anxiété et de réduire notre stress au travail. Alors, cela vaut la peine d'essayer.

Prenons chaque jour 5 à 10 minutes de pause devant l'écran de notre ordinateur. Concentrons-nous sur le souffle. Revenons à l'instant présent. Suivons le chemin du ventre qui se gonfle puis se creuse. L'esprit se calme. Orientons nos pensées vers l'amour bienveillant. Matthieu Ricard propose, par exemple, de se dire simplement : « Ces personnes que je regarde, puissent-elles être heureuses. »

Tout le monde peut tirer un grand bénéfice de ces parenthèses au travail. Toutefois, pour en extraire le maximum de bienfaits, elles ne nous dispensent pas d'une pratique plus complète chez nous.

LES BIENFAITS AU TRAVAIL

- Réduction du stress et de l'anxiété.
- Meilleure efficacité.
- Concentration renforcée.
- Créativité développée.
- Confiance en soi consolidée.
- Qualité accrue des relations humaines.
- *Burn out* évité.
- Bien-être au travail.

Contribuer à une société plus altruiste

Ainsi, ce début de XXIe siècle voit une certaine forme de méditation se développer, une méditation s'appuyant sur les toutes premières techniques d'entraînement de l'esprit du bouddhisme tibétain. Mais aussi une méditation le plus souvent dénuée d'éthique et de spiritualité.

Certains spécialistes tirent la sonnette d'alarme et pensent qu'il faut être très vigilant. « Une tradition donne une éthique et un chemin pour se dépasser, affirme Dominique Steiner, spécialiste de la gestion du stress. Si chacun fait sa cuisine, le risque est que beaucoup ne pratiquent que pour le contrôle de soi et des autres. »

La seule façon d'éviter ces dérives serait de ne pas nous contenter d'un premier niveau d'exercices, orienté vers nous-mêmes, mais de bien penser à inclure la motivation altruiste. Cela peut se faire de manière tout à fait laïque. Dans le chapitre suivant, nous verrons comment pratiquer une méditation altruiste, qui peut être couplée avec la pleine conscience. Les bienfaits à attendre de ces pratiques sont non seulement utiles pour nous-mêmes, nos enfants, notre famille, mais aussi pour l'avenir, si nous voulons contribuer à construire une société plus juste. Cela rejoint les conclusions de Daniel Goleman[2], qui n'hésite pas à dire que « l'enjeu crucial de ce siècle sera d'élargir le cercle de ceux que nous considérons comme Nous et de réduire le nombre de ceux qui apparaissent comme Eux ».

EN BREF

- Les remèdes à la colère : s'entraîner à la compassion et à la tolérance.
- Le remède à la jalousie : s'entraîner à se réjouir du bonheur de l'autre.
- Face au stress : en prévention faire les *méditations de la gratitude* et *du changement*. 20 mn de pratique méditative quotidienne et un exercice sur le souffle contribue aussi à lutter contre le stress.

3

Quelles pratiques de méditation ?

Dans le bouddhisme tibétain, des centaines de pratiques méditatives nous sont proposées. À chacun de choisir ce qui lui convient. La réponse pourra différer selon que notre but est de nous limiter à l'aspect thérapeutique de la méditation, en incluant une motivation altruiste, ou si nous souhaitons nous engager dans la totalité du cheminement spirituel qu'elle propose.

Il est important de rappeler que les techniques de méditation proposées ici n'ont aucun caractère religieux. Mais elles peuvent – si les parents le souhaitent – être le point de départ d'une expérience qui conduit bien au-delà du simple développement personnel. Toutefois, si ces techniques étaient utilisées dans le cadre d'un cheminement plus complet comme celui du bouddhisme ou de l'hindouisme, il est recommandé de se faire accompagner d'un guide spirituel authentique capable d'offrir une source inépuisable d'inspiration, et de suivre ses conseils.

En tant qu'auteures de cet ouvrage, nous devons avouer que nous n'avons ni une pratique ni une connaissance suffisantes pour prétendre vous exposer quelque méditation que ce soit. C'est pourquoi, afin de vous garantir des exemples d'exercices méditatifs authentiques, nous avons puisé les éléments de ce chapitre dans *L'Art de la méditation*[3] de Matthieu Ricard et dans *La Retraite de l'esprit*[4] de S.E. Gyalwa Dokhampa, jeune maître du bouddhisme tibétain ancré dans la modernité.

Comment commencer ?

Maintenant que vous cernez un peu mieux ce qu'est la méditation et que vous avez à l'esprit tous les bienfaits que nous pouvons en retirer, il est temps de vous lancer ! La méditation ne se lit pas, elle se pratique.

Dans ce chapitre, nous allons vous donner quelques indications qui pourront vous être utiles dans la vie quotidienne. Nous vous inviterons aussi à prendre connaissance de quatre exercices méditatifs d'importance choisis dans les ouvrages que nous avons cités précédemment. Nous attirons votre attention sur le fait qu'en tant que parent désireux d'introduire des temps de méditation dans la vie de son enfant, il est important non seulement de lire les exercices, mais de les faire au moins une ou deux fois avant de les proposer à votre enfant. Ainsi, vous serez prêt à l'initier.

Ce sont les mêmes exercices que vous retrouverez pour votre enfant dans le « Livre second », mais extrêmement simplifiés, adaptés à son âge. Ici, nous vous fournissons en quelque sorte un guide pratique de référence. Et, quand votre enfant progressera et grandira, vous pourrez revenir y puiser de nouvelles idées pour continuer à l'accompagner le plus longtemps possible.

Quand vous verrez à quel point votre enfant est ravi de découvrir cette nouvelle activité avec vous, l'effort fourni sera récompensé. Pensez que ce qui est bien pour vous l'est aussi pour lui. Peu à peu, vous ressentirez les petits bénéfices de cette pratique et, comme votre enfant en ressentira aussi, l'harmonie au sein de la bulle familiale se verra renforcée.

Il y a plusieurs façons de pratiquer la méditation dans la vie courante : pour les petits comme pour les grands, rappelons qu'une courte séance quotidienne, régulière, vaut mieux qu'une séance plus longue mais irrégulière.

Quelques minutes par jour suffiront à initier, sans qu'il y paraisse, une transformation réelle de votre esprit.

Bien sûr, nous avons l'impression que notre esprit est tellement agité que nous n'arriverons jamais à rester en place longtemps sur un coussin sans nous impatienter. Nous croyons toujours avoir une multitude de choses à faire, toutes de la plus haute importance (arroser les plantes, s'activer sur les réseaux sociaux, répondre au téléphone, etc.). La première chose qui vous incombe est d'apaiser votre esprit, et pour cela, il vous faut trouver du temps pour lui parmi toutes vos occupations – le matin de préférence.

La technique la plus simple pour atténuer le tourbillon incessant des pensées est d'utiliser ce qu'il y a de plus naturel en vous : le va-et-vient du souffle. Votre respiration va ainsi vous servir de support de concentration.

Petit à petit, en pratiquant cette méditation, votre capacité de concentration va s'améliorer et votre pratique pourra atteindre une vingtaine de minutes, ce qui est recommandé pour les débutants « confirmés ». Vous pourrez aussi prendre l'habitude d'effectuer les tâches de la vie quotidienne en pleine conscience. C'est-à-dire en accroissant votre perception des pensées et des sensations, bien détendu dans le moment présent. Laver une assiette ou vider le lave-vaisselle peut être très apaisant si on le fait avec toute son attention.

Lorsque vous êtes bloqué dans un embouteillage, inutile de changer de file et de vous énerver, parce qu'en réalité, vous n'y pouvez rien ! En revanche, ce qui dépend de vous, c'est la façon dont vous allez réagir face à cette situation. Avec la pratique de la *méditation sur le va-et-vient du souffle*, vous apprendrez à vous accorder un peu d'espace, et surtout à accepter que tout ne se passe pas toujours comme prévu.

Méditation sur le va-et-vient du souffle

D'après Matthieu Ricard

Asseyons-nous confortablement en nous tenant bien droits dans une position physique équilibrée. [...] Ici, la pleine conscience consiste à rester continuellement présent à notre souffle, sans l'oublier ni nous laisser distraire.

Respirons calmement et naturellement. Concentrons toute notre attention sur le souffle qui va et vient. Soyons particulièrement présents à la sensation que crée le passage de l'air dans les narines. [...] Notons également le moment où le souffle est suspendu, entre l'expiration et l'inspiration suivante. Puis, en inspirant, concentrons-nous à nouveau sur le point où nous sentons l'air passer. Notons, de même, le moment où la respiration s'arrête une seconde entre cette inspiration et l'expiration qui va suivre.

Concentrons-nous de façon identique sur le cycle suivant, et ainsi de suite, respiration après respiration, sans tension aucune, mais sans non plus nous relâcher au point de tomber dans la torpeur. La conscience du souffle doit être limpide et sereine. [...]

Ne modifions pas intentionnellement le rythme de notre respiration. Notre souffle se ralentira sans doute un peu, mais cela doit se faire naturellement. Que notre respiration soit longue ou courte, soyons simplement conscients du fait qu'elle est longue ou courte.

Tôt ou tard, nous tomberons soit dans la distraction accompagnée d'une prolifération de pensées, soit dans un état vague de semi-omnolence, soit encore dans une combinaison des deux, c'est-à-dire un état confus traversé par des suites de pensées erratiques. C'est là que la vigilance doit intervenir : dès que nous nous rendons compte que notre concentration s'est perdue, reprenons-la simplement, sans surenchérir par du regret ou de la culpabilité. Retournons simplement au souffle, comme le papillon qui revient sur une fleur après avoir voleté à droite et à gauche sans raison apparente.

Lorsque des pensées surgissent, n'essayons pas de les arrêter – ce qui n'est d'ailleurs pas possible puisqu'elles sont déjà présentes –, évitons simplement de les alimenter : laissons-les traverser notre champ de conscience comme l'oiseau dans le ciel sans laisser de traces.

Dans une journée bien remplie, une autre bonne habitude à prendre est de s'offrir des micro-pauses. Car l'impression de ne jamais avoir le temps est le signe d'un esprit agité. Si, intérieurement, vous vous sentez bousculé, de courtes pauses de respirations peuvent alors être efficaces. Dans ces moments choisis, cessez de répondre au téléphone et accordez-vous un bref instant de méditation. Dites-vous : « J'ai tout le temps. » Observez votre souffle et respirez doucement pendant quelques minutes.

Trouver le temps pour méditer : une discipline quotidienne

Comme nous l'avons vu, la même rigueur que vous manifestez lors d'un entraînement sportif – ou de l'assouplissement des doigts si vous êtes musicien – sera exigée pour entraîner votre esprit. Dans tous les cas, l'effort fourni pour se sentir bien et avoir une vie équilibrée est gratifiant. Quelques minutes par jour suffisent et vous ne le regretterez pas !

Patience et persévérance

Lorsque vous commencerez à pratiquer la méditation, des distractions traverseront votre esprit, qui aura sûrement du mal à se stabiliser. Parfois même, il sera agité sur toute la durée des exercices. D'autres obstacles aussi se présenteront : le téléphone va sonner, le bébé bien endormi va se réveiller et pleurer ou votre fille aînée va appeler à l'aide pour ses devoirs, sans parler des crampes que vos genoux vont sans doute subir.

Il y a plusieurs façons de réagir face à ces obstacles du quotidien. La première sera d'être agacé : à cause de ces dérangements, vous aurez l'impression d'avoir perdu votre temps et de ne pas avoir atteint votre objectif. Vous pouvez aussi prendre ces aléas du bon côté. Il vous suffit pour cela d'apprendre à changer votre vision de l'obstacle et d'envisager celui-ci comme un élément faisant partie intégrante de l'expérience – et qui va donc vous aider à progresser. Il n'empêche qu'au début, il est nécessaire de vous armer de patience et de persévérance pour traverser les difficultés liées au lancement de cette nouvelle activité.

Méditation du souffle avec visualisation

Nous vous conseillons ici une autre méditation fondée sur le souffle et préconisée par S.E. Gyalwa Dokhampa. Il est important de préciser que, dans toutes les méditations, les exercices de respiration comportent des positions précises qu'il est préférable de respecter, car celles-ci constituent une aide précieuse destinée à inciter le corps à calmer l'esprit.

Cet exercice, proche du yoga, est excellent pour la santé. Il vous apprend à respirer profondément en inspirant une grande quantité d'air.

Vous pourrez également refaire la *méditation sur le va-et-vient du souffle* exposée précédemment en prenant la posture en sept points que S.E. Gyalwa Dokhampa décrit ci-après. Celle-ci permet d'adopter une position appropriée à la méditation en portant son attention sur sept endroits clés du corps.

VOICI LA POSTURE EN SEPT POINTS QUE VOUS DEVREZ OBSERVER :

1. Les jambes croisées dans la « posture du lotus ou du demi-lotus », jambe gauche à l'intérieur.
2. Le dos droit comme une pile d'assiettes.
3. Les épaules déployées comme les ailes d'un aigle.
4. La nuque légèrement inclinée vers l'avant.
5. Les yeux ouverts, fixés vers le bas, environ un mètre devant soi.
6. La bouche entrouverte avec le bout de la langue touchant le palais.
7. Les mains posées sur le giron, la paume droite posée sur la gauche, les pouces se touchant légèrement.

Toutefois, si vous avez des problèmes de genoux, nous vous précisons qu'il est possible de s'asseoir sur un siège bas ou une chaise. Dans ce dernier cas, le dos doit rester bien droit et ne doit pas s'appuyer sur le dossier, et les pieds parallèles doivent rester en contact avec le sol.

Au cours de cette *méditation du souffle*, vous serez amené à visualiser les aspects positifs du monde en imaginant qu'ils pénètrent en vous sous la forme d'une lumière blanche. Puis, quand vous expirerez, vous visualiserez tous les aspects négatifs qui sont en vous – la colère, la jalousie, la tristesse – en imaginant qu'ils sortent de vous sous la forme d'une fumée noire.

L'expérience se compose de ces sept étapes. Pour un débutant, l'idéal est d'enchaîner l'exercice trois fois, puis d'augmenter le nombre de répétitions au fur et à mesure de la pratique. (Attention, lorsque vous les enchaînez, reprenez directement à l'étape 2.)

Méditation du souffle lumière blanche et fumée noire

D'après S.E. Gyalwa Dokhampa

Commencez par une longue expiration par les deux narines – visualisez la colère, la haine, le karma négatif, la déception, le stress qui sortent sous la forme d'une fumée noire.

Bouchez la narine gauche avec un doigt, inspirez profondément par la narine droite et gardez l'air deux secondes dans le ventre. Visualisez tous les aspects positifs qui pénètrent en vous sous la forme d'une lumière blanche.

Puis, bouchez la narine droite, évacuez tous les aspects négatifs sous la forme d'une fumée noire en expirant par la narine gauche.

Inspirez de nouveau par la narine gauche en visualisant tous les aspects positifs sous la forme d'une lumière blanche.

Bouchez la narine gauche et évacuez tous les aspects négatifs par la narine droite en les visualisant sous la forme d'une fumée noire.

Inspirez profondément toutes les bonnes pensées positives par les deux narines en les visualisant sous la forme d'une fumée blanche.

Expirez assez fort pour évacuer toutes les pensées négatives par les deux narines, en les visualisant sous la forme d'une fumée noire.

Avantages

La *méditation du souffle* n'est pas seulement apaisante, elle est également stimulante. Et, avec le temps, elle devient plus facile à pratiquer. L'avantage de cette méditation est que nous pouvons la faire n'importe où. Il est préférable d'observer la position en sept points, mais elle n'est pas indispensable pour tirer des bienfaits de l'exercice. C'est surtout une manière de se recentrer mentalement. Quand nous pratiquons cette *méditation du souffle*, nous ramenons simplement notre esprit dans le présent, sans désir ni attente. Nous le mettons au repos. Grâce à une pratique quotidienne, la sensation de calme s'étend et se prolonge de plus en plus longtemps.

Méditation de la gratitude

La *méditation de la gratitude* ne prend que quelques minutes dans la journée. Avec cette méditation contemplative ou « analytique », vous commencerez à explorer votre esprit en profondeur, en développant une perception plus fine de vous-même. Si vous parvenez à observer et à analyser attentivement ce qui se passe en vous et si, ensuite, vous apprenez à pardonner et à vous défaire de la colère, cet exercice vous apaisera et vous permettra de trouver la sérénité de l'esprit.
Pour cette méditation, il vous suffit d'être au calme, soit en début, soit en fin de journée. Peu importe la tenue que vous portez, du moment que vous vous sentez à l'aise – tout comme votre esprit est à l'aise. Asseyez-vous confortablement dans un fauteuil ou ailleurs : l'essentiel étant d'être, là aussi, à l'aise et concentré.

Méditation de la gratitude

D'après S.E. Gyalwa Dokhampa

Nous fermons les yeux et nous ramenons tout simplement nos pensées à l'instant présent, en réfléchissant à tout ce qu'il y a de positif dans notre vie aujourd'hui. Nous commençons par notre corps, puis nous élargissons lentement le cercle en incluant notre famille, nos amis, notre travail, notre communauté et le monde. Souvent, nous avons bien plus que nous le croyons, mais si nous n'avons pas conscience de ce que nous avons déjà, nous avons tendance à être insatisfaits et nous focaliser sur ce qui – croyons-nous – manque à notre vie.

Commencez par le fait d'être en bonne santé ; sachez apprécier le simple fait de voir et d'entendre, si tel est le cas. Puis soyez reconnaissant d'avoir de la famille et des amis. Nous avons la chance d'avoir des gens qui nous aiment sans réserve, pensez à tout ce qu'ils font pour votre bien. Puis étendez votre gratitude au monde : s'il y a des gens bienveillants qui rendent service aux autres, c'est parce que le monde existe.

Maintenant, concentrez-vous sur votre souffle quelques minutes. Respirez doucement, sans forcer, avec le ventre, votre centre. Observez la respiration, votre ventre qui monte et qui descend. Trouvez le rythme naturel qui convient à votre corps. Nous contemplons et apprécions sans éprouver d'attachement excessif.

Appréciez votre corps et le fait d'être plus ou moins en bonne santé.

Appréciez les gens merveilleux qui vous entourent, se montrent bienveillants envers vous, vous soutiennent, vous aident.

Appréciez ce que vous faites, votre carrière, votre vie, votre communauté, et au-delà.

Cultivez votre sentiment de satisfaction. Après tout, le bonheur n'est jamais que de la satisfaction qui naît de l'appréciation. Soyez aussi précis que vous le souhaitez. Appréciez simplement, sans réserve, sans rien attendre. Appréciez en soi tout ce qui vous vient à l'esprit.

Avantages

Commencer ou finir sa journée en exprimant sa gratitude peut paraître simpliste, mais c'est un exercice manifestement bénéfique qui stimule l'esprit et l'apaise après une rude journée. Il ne s'agit pas de voir tout en rose, mais de prendre conscience de ce qu'il y a de bon dans sa vie, d'envisager les choses sous un autre angle, bref, de transformer les épreuves de la vie en opportunités.

Méditation de l'introspection : connaissance de soi et altruisme

Ce quatrième et dernier exercice vous sera utile pour accompagner pendant longtemps votre enfant dès que vous jugerez qu'il a atteint une maturité suffisante.
Dans cette méditation à pratiquer les yeux fermés, vous penserez à ce que vous avez accompli dans la vie. C'est un processus qui aide à comprendre la situation dans laquelle vous êtes en ce moment, à prendre conscience et à accepter que ce sont vos actes qui vous y ont conduit.
C'est une méditation qui exige une honnêteté absolue. Il ne s'agit pas de vous submerger de remords ni de vous faire regretter amèrement de n'être que vous-même ! Il s'agit plutôt de vous accepter tel que vous êtes, tout en vous préparant à poser des actes pour vous rendre utile aux autres.

Méditation de l'introspection

D'après S.E. Gyalwa Dokhampa

Dans cette méditation, que nous pratiquons les yeux fermés, nous pensons à ce que nous avons accompli jusqu'ici dans notre vie. C'est un processus qui nous aide à comprendre la situation dans laquelle nous sommes en ce moment et à accepter que ce sont nos actes qui nous y ont conduits. Nous pensons à celui ou celle que nous sommes devenus : quels étaient nos comportements ou nos réactions quand nous étions petits ou adolescents ? Qu'avons-nous fait l'an dernier, le mois dernier ou ce matin même ? Il n'y a ni bon, ni méchant, car la véritable nature est toujours pure, mais nous pouvons méditer sur nos actes et nos réactions.

Pour nous aider à réfléchir sur nous-mêmes, nous pouvons penser aux gens qui nous entourent en dépassant les catégories telles que le père ou la mère, le mari, le patron. Les voir simplement comme des êtres humains qui aspirent également au bonheur et veulent éviter la souffrance au cours de leur vie.

Puis méditons sur la façon dont nous aimerions être traités et sur celle dont nous traitons les autres. Pensons à l'amour, à la gratitude, au respect, au pardon, à la compréhension, à la bienveillance, à la compassion. À partir de l'adage « On n'a que ce que l'on mérite », on comprend que les gens auront tendance à nous traiter avec amour, bonté et compréhension, tolérance et acceptation, si nous les avons traités de la même manière. [...]

Demandons-nous en toute franchise ce qui se passe dans notre vie. Si jamais nous nous sentons mal à l'aise au quotidien, il faut que nous en sachions la cause. [...]

Demandons-nous s'il nous arrive de regarder les autres de haut. Avons-nous tendance à penser que notre partenaire, notre patron ou quelqu'un d'autre a toujours tort et nous complique la vie alors que nous avons toujours raison ? Redescendons de notre piédestal.

Avantages

Cette méditation est parfaite pour développer la connaissance de soi et l'altruisme. Nous comprenons que les autres, tout comme nous, aiment être respectés et écoutés. Plus nous sommes capables de leur accorder ce respect et cette attention, plus nous faisons preuve de compassion à leur égard et plus ils nous en accordent. En matière d'opinion, nul n'a raison ou tort, aussi, lorsque nous imposons nos idées au lieu de prendre en considération celles d'autrui, tout le monde est malheureux. Il est essentiel de veiller à nous montrer à l'écoute, attentifs et compréhensifs.

Si, grâce à ces quatre méditations pratiquées régulièrement, vous obtenez une transformation de l'esprit – si infime soit-elle – et si vous apprenez à en comprendre un peu mieux le fonctionnement, cela vous aidera non seulement à être plus heureux, mais votre famille et vos enfants en ressentiront aussi les bénéfices. Vous atteindrez un épanouissement qui ne dépendra plus des circonstances extérieures, mais qui découlera du fait que vous êtes à l'aise avec vous-même, une plénitude qui viendra donc de l'intérieur.

II

La méditation pour mon enfant

Vous avez dorénavant compris les fondements et les bienfaits de la méditation. Si, de plus, vous avez commencé à la pratiquer vous-même, il n'en sera que plus facile – et ô combien émouvant ! – de démarrer les exercices de méditation avec votre enfant.

1

Méditer dès l'âge de 3 ans

En pratiquant les exercices pour enfants de ce livre, ne pensez surtout pas déchoir. Ils ont été choisis pour leur simplicité, mais ils sont tellement profonds qu'ils peuvent être pratiqués toute la vie.

Familiariser l'enfant

Le premier réflexe de la plupart des parents à qui l'on propose la méditation pour leur enfant est l'incrédulité. Ils pensent que leur enfant est bien trop petit pour comprendre ce qui est déjà difficile à appréhender pour un adulte. Mais si l'enfant était plus doué que l'adulte ? Les jeunes enfants sont encore très proches de leur nature profonde. Ils ne sont pas encore pollués par toute l'éducation que nous croyons bon leur donner. La société et le « politiquement correct » ne les ont pas encore imprégnés. Ils ont la fraîcheur de l'innocence. C'est l'âge de tous les possibles. Les barrières ne sont pas encore dressées et le cerveau pas encore formaté. Les capacités de développement de ces petits êtres sont incroyables. N'importe quel enfant peut donc intégrer les rudiments de la méditation.

Se familiariser avec la méditation

Il ne faudrait pas non plus penser qu'un enfant, même avec ses capacités naturelles, va pouvoir trouver le « calme mental » en quelques séances. Car c'est la quête de toute une vie ! Mais il peut commencer à se familiariser avec les premières pratiques qui le mettront sur ce chemin. Les enfants qui ont fait cette expérience progressent vite et y prennent goût, car ils en ressentent des effets bénéfiques et, surtout, ils s'amusent.

Louise, âgée de 3 ans et demi, était une petite fille très agitée. Elle tournait frénétiquement en rond avec sa trottinette dans la cour de l'école et courait de même autour du canapé du salon chez elle. Sa maîtresse disait d'elle que c'était une « enfant difficile ». Elle faisait beaucoup de caprices et pleurait à la moindre contrariété. Elle épuisait sa mère, qui ne savait plus que faire. Tous les soirs, sa mère ou sa marraine lui lisaient une histoire au coucher, mais cela ne suffisait pas à calmer son agitation et ses nuits étaient perturbées par de nombreux cauchemars. Elle dormait mal et, le lendemain, n'étant pas assez reposée, elle était encore plus contrariée et excitée. C'était un cercle vicieux. Or, il advint que Louise fut confiée à sa grand-mère pendant un mois à l'occasion d'un voyage à l'étranger de ses parents. Les premiers jours, la grand-mère, un peu débordée, se demanda comment elle allait pouvoir tenir ce rythme effréné durant les quatre semaines. Il se trouve que cette grand-mère pratiquait régulièrement la méditation et en avait elle-même apprécié les bienfaits. L'idée lui est donc venue d'apprendre à Louise, le soir au coucher, à faire trois respirations profondes, en posture de méditation, les jambes croisées et le dos droit. Elle fut étonnée de voir à quel point Louise prenait la chose au sérieux. Elle se concentrait vraiment. Puis elle interrogeait sa grand-mère pour savoir si sa posture était bonne et si son ventre se gonflait bien. Tous les soirs, elles firent ensemble l'exercice avec le petit nounours de l'enfant. Quelques jours plus tard, au réveil, la grand-mère demanda à la petite si elle avait passé une bonne nuit et l'enfant répondit : « Oui, j'ai mieux dormi. » Après une semaine, il se trouva que la grand-mère, un peu pressée de coucher sa petite-fille, s'apprêtait à passer outre les trois respirations. Quelle ne fut pas sa surprise d'entendre Louise lui rappeler qu'elle voulait faire l'exercice ! Les jours suivants, chaque soir, Louise prenait la main de sa grand-mère en lui disant : « Viens, on va faire les respirations. » Cela l'amusait d'une part et, d'autre part, elle en ressentait vraiment les bienfaits, en dormant mieux et en passant une meilleure journée à l'école. La fillette était aussi beaucoup plus joyeuse.

Apprendre dès l'enfance qu'un recours à la méditation existe

À travers l'expérience de Louise, vous comprendrez qu'il est tout à fait possible d'éveiller un enfant de 3 ans à la méditation. Ainsi, l'enfant saura qu'il existe un moyen de se sentir mieux, de se calmer. S'il cesse de méditer en grandissant, il se souviendra néanmoins de cette expérience et saura qu'il existe un recours différent de ce qui lui est habituellement proposé pour atténuer ses souffrances ou son mal-être.

Dans l'exemple de Louise, le rôle de l'accompagnant a été très important. Si l'expérience s'est révélée être un succès, c'est en partie parce que la grand-mère s'est investie en faisant l'exercice avec sa petite-fille, mais aussi parce qu'elle était convaincue du bien-fondé de la méthode.

Cette situation souligne le rôle fondamental des parents, à qui il incombe de donner à leur enfant des bases solides pour grandir et se construire. Parmi ces bases, montrer à son enfant qu'il est possible d'entraîner son esprit et lui donner les clés pour le faire paraît être une bonne manière de l'aider à être heureux et l'amener à bâtir une vie sereine et équilibrée.

Des acquis pour la vie

Cette introduction à une méditation authentique est un moyen pour les parents de partager des moments privilégiés, profonds et constructifs avec leur enfant, de manière à lui donner le goût et l'habitude de la méditation par le biais d'exercices tout simples. C'est la répétition quotidienne de ces exercices (*méditation des trois respirations*, *méditation de la gratitude* et *méditation de l'introspection*) qui va donner à l'enfant des acquis pour toute sa vie.

2

Bienfaits sur la santé et le corps de votre enfant

Comme l'écrit si justement Jeanne Siaud Facchin, psychologue clinicienne, « le corps est un élément très utile pour débuter, il est toujours là » ! C'est donc tout naturellement avec ce corps que l'enfant va pouvoir commencer la méditation, par la prise de conscience du mouvement corporel clé qu'est sa respiration.

La respiration : une clé du corps

De même que les bâillements ou les étirements après le réveil permettent à votre enfant de prendre pleinement conscience de son corps et de relâcher les tensions engendrées par la colère ou la frustration, le mouvement de la respiration constitue une porte d'entrée incontournable et une base solide pour la méditation. Prendre conscience de son souffle, c'est-à-dire apprendre à porter son attention sur l'air qui entre par son nez, gonfle son ventre puis sort en vidant le ventre, l'amène à s'adapter à ses mouvements naturels internes et à mieux les appréhender. Ainsi, ce meilleur ressenti du corps lui permet d'affiner la perception de son schéma corporel et lui offre en retour une meilleure perception du monde extérieur et des autres. C'est effectivement vers 3 ans que le jeune enfant développe sa personnalité, se tourne vers les autres et entame sa période de socialisation. Il est donc crucial que la perception de son corps s'étoffe et s'ancre dans l'expérience directe pour que le rapport au monde se construise sereinement.

La respiration est l'un des premiers mouvements internes visibles : assis en tailleur, en calant un nounours contre son ventre, il est aisé de voir la peluche avancer quand on inspire et reculer quand on expire. De tels mouvements captivent les enfants, qui souhaitent régulièrement renouveler l'expérience. Celle-ci est accessible dès l'âge de 3 ans. Plus tard, vers 5 ans, c'est le pouls que l'enfant mettra en relation avec sa respiration. Après une course de vitesse, il sera intrigué par ses mouvements internes qui soulèvent sa poitrine ou cognent contre son cou. Il aimera poser ses doigts sur sa gorge pour vérifier que son pouls se calme petit à petit. Toutes ces expériences aident l'enfant à mieux connaître son corps, ce qui lui donne des repères physiques vécus de l'intérieur et, par conséquent, le rassure énormément.

Enfin, enseigner à l'enfant à se concentrer sur sa respiration l'aide à se calmer naturellement. Progressivement, sa respiration ralentit, l'excitation tombe et un rythme proche du sommeil s'installe. L'enfant s'endort d'autant plus sereinement qu'il est rassuré par la quiétude qui l'envahit. Et, en bénéficiant d'un sommeil apaisé, il récupère mieux de ses longues journées et se montre moins fatigué sur le long terme.

L'atténuation du stress

On a trop souvent tendance à penser que le monde de l'enfance est joyeux et synonyme d'insouciance. C'est vrai que nos enfants n'ont pas de travail à assumer ni de factures à payer, alors qu'est-ce qui pourrait les inquiéter ? Eh bien, plein de choses ! Même les très jeunes enfants ont leurs soucis et peuvent ressentir du stress. Celui-ci provient généralement de l'extérieur, mais il peut aussi venir de l'intérieur, par exemple la pression que notre petit se met sur les épaules pour satisfaire à une exigence familiale qu'il se croit imposée.

Votre enfant de 2 ans peut se sentir stressé parce qu'il perçoit que vous n'êtes pas assez présent. Quand il entre à l'école, en petite section, se séparer de vous peut devenir une grande source d'anxiété. Il faut aussi savoir que les parents qui ont bien réussi professionnellement ont souvent de grandes attentes envers leurs petits, et ces derniers le ressentent et peuvent le vivre comme une pression. C'est bien sûr sans le vouloir que nous ajoutons du stress dans la vie de notre enfant.

Ces dernières années, beaucoup d'enseignants ont fait le constat que certains enfants avaient un trop-plein d'activités extrascolaires et qu'ils n'avaient pas vraiment le temps de se détendre. L'enfant qui commence à s'en plaindre ou qui refuse ce défilé d'activités envoie un signal clair à ses parents quant à son niveau de stress. Celui-ci peut aussi augmenter si votre enfant perçoit vos soucis d'adultes. Il peut s'approprier une partie de votre anxiété et ainsi commencer à s'inquiéter d'une situation donnée, même si ce n'est pas son problème, *a priori*. Même un divorce qui se passe dans les meilleures conditions possibles peut être une expérience difficile à vivre pour un enfant, car sa cellule familiale protectrice va connaître un changement, ce qui provoque chez lui beaucoup d'inquiétude.

Il n'est pas toujours aisé de reconnaître les symptômes du stress chez son enfant. Vous pourrez observer des changements de comportement à court terme comme une tristesse subite, des troubles du sommeil, ou même un phénomène de pipi au lit qui se réinstalle. Ce sont bien souvent des indicateurs d'anxiété. D'autres enfants peuvent avoir soudainement des maux d'estomac ou des maux de tête. D'autres encore ont des problèmes de concentration à l'école. Les enfants plus jeunes peuvent réagir en prenant de nouvelles habitudes, telles que sucer leur pouce ou s'entortiller les doigts dans les cheveux. Les enfants plus âgés peuvent se mettre à mentir ou à vouloir défier l'autorité parentale. Un enfant stressé peut enfin connaître une chute dans ses résultats scolaires.

Les bienfaits sur les émotions de votre enfant

Les émotions, à quoi ça sert ?

Joie, colère, amour, tristesse, dégoût… Les émotions sont au cœur du sentiment de soi. Elles sont l'expression de la vie en soi. C'est pourquoi il est essentiel de les exprimer. C'est ce qu'un enfant de 3 ou 4 ans apprend peu à peu à faire : reconnaître les émotions qui le traversent et réussir à les nommer pour pouvoir les exprimer. Pleurer, crier, trembler, sont des remèdes aux inévitables tensions de la vie. L'existence d'un petit enfant est pleine de frustrations, de questions, de peurs, de colères. L'émotion exprimée par les cris ou les pleurs lui permet donc de récupérer, de se reconstruire après une blessure.

Prenons l'exemple de la peur : il y a tout d'abord une libération d'adrénaline et une accélération du rythme cardiaque au moment où celle-ci surgit. Puis on assiste à une tension du corps où l'organisme mobilise le maximum d'énergie pour faire face à la situation. Enfin, c'est la décharge ou le retour au calme, car une fois le danger écarté, le corps a besoin de revenir à son équilibre de base. Les tensions se relâchent, ce qui crée pleurs et tremblements. Si vous savez accueillir ces émotions, si vous donnez à votre enfant la possibilité de les exprimer, alors il pourra libérer ses tensions internes et ainsi développer une plus grande sécurité intérieure, tellement utile pour se construire une personnalité plus solide et sortir grandi de ces difficultés. Ce que vous désirez le plus en tant que parent !

Plus calme pour verbaliser

Comme nous l'avons dit plus haut, porter son attention sur sa respiration permet de trouver le calme assez rapidement. Après un accès de colère, vous pouvez inciter votre enfant à faire quelques respirations conscientes qui l'aideront à retrouver le calme intérieur, pour ensuite mettre des mots sur les émotions qui l'ont traversé et qui appartiendront très vite au passé.

Votre enfant se constitue ainsi un bagage qui l'accompagnera tout au long de sa vie. Plus tard, il pourra anticiper une colère ou une émotion négative en la voyant naître ; alors la respiration lui sera d'une aide précieuse pour appréhender cette émotion et la vivre plus sereinement.

Former des petits chercheurs de positif

Inviter son enfant à raconter sa journée tout en cherchant à exprimer ce qui a été positif à l'école revient à le faire travailler sur ses émotions positives comme la joie et l'amour, et à les ancrer petit à petit dans sa mémoire. C'est ce processus qui est pleinement en jeu dans la *méditation de la gratitude* que nous détaillerons plus loin. Avec cet exercice, *exit* les frustrations, les colères et les tristesses, qui ne sont plus ressassées mais seulement traversées, vécues sans dramatisation excessive et peu à peu oubliées ! Ainsi, votre enfant met en avant ce qui lui a apporté de la joie et du bonheur ! Adopter ce genre de démarche avec lui permettra d'en faire un véritable « chercheur de positif », dans n'importe quelles circonstances, y compris lors d'une colère ou d'un chagrin. Et là, on pourra dire que, grâce à vous, il aura accompli un gros travail face à des émotions qui peuvent se révéler si perturbatrices dans l'existence.

EN BREF

Si votre enfant a la chance de commencer très tôt la méditation, vous constaterez que – grâce aux exercices de respiration notamment – l'énergie circulera mieux dans son corps et son cerveau, ce qui pourra l'aider à apaiser ses tensions physiques et psychologiques et donc réduire son stress. La *méditation du souffle* devenue routine permettra certainement à votre enfant d'éloigner certaines inquiétudes trop vives et de retrouver de l'espace intérieur ; il se sentira ainsi moins oppressé. Quant à la *méditation de la gratitude*, elle pourra l'aider à valoriser tout ce qu'il y a de positif dans sa vie. À long terme, votre enfant va pouvoir protéger au mieux son capital santé en réduisant, comme nous l'avons vu plus tôt pour les adultes, les impacts du stress sur son immunité. Moins angoissé, il sera sans aucun doute plus heureux et en meilleure santé !

3

Bienfaits sur la réussite scolaire de votre enfant

Améliorer sa concentration

La pratique de la méditation offre une aide précieuse pour entraîner la concentration de votre enfant. Elle lui permet d'apprendre à canaliser son attention. En effet, en pratiquant la *méditation du souffle*, votre enfant porte son attention sur son inspiration et son expiration, il est alors tout à fait présent à lui-même et aux mouvements de son corps. Il devient donc capable d'être pleinement présent dans les moments d'apprentissage à l'école, et particulièrement en classe, où il se concentre davantage et se montre plus réceptif.
Des chercheurs de l'université de New South Wales, en Australie, ont mené une étude portant sur des enfants diagnostiqués avec un trouble de l'attention et une hyperactivité. Durant six semaines, des parents ont fait plusieurs séances de méditation par semaine avec leur enfant. Au terme de cette période, ils ont noté que leur enfant dormait mieux, était moins agité et pouvait mieux se concentrer à l'école en ayant moins de conflits avec ses copains. Les parents, de leur côté, ont déclaré se sentir plus heureux, moins stressés et plus à même de gérer le comportement de leur enfant.

Accroître sa confiance en soi lors des évaluations

L'enfant qui pratique la *méditation du souffle* améliore sa connaissance et sa conscience corporelles. Il considère peu à peu son corps comme un allié et un espace de bien-être. Ce mouvement d'ouverture intérieure renforce l'estime de soi et permet de gagner en confiance en soi.
Cela se révèle très utile lors des évaluations, des devoirs et plus tard des examens auxquels votre enfant sera confronté aux différents stades de sa scolarité. Grâce à l'ouverture engendrée par la méditation, il se sentira moins stressé face à l'évaluation et sera, dans une attitude positive par rapport à lui-même, plus conscient de son potentiel. D'autre part, devant l'énoncé d'un devoir qui tout à coup pourrait l'affoler, votre enfant formé à la méditation pourra, en utilisant l'attention portée à sa respiration, calmer son agitation afin de mobiliser au mieux ses connaissances et répondre aux questions. Il s'évitera ainsi l'angoisse de la feuille blanche.

Développer sa mémoire

Des études menées au Centre d'études sur le stress humain de Montréal ont démontré que lorsque les hormones du stress sont sécrétées en trop grande ou trop petite quantité, notre capacité à apprendre et à retenir de nouvelles informations se voit réduite.
La méditation pratiquée par votre jeune enfant peut permettre la juste régulation du stress. L'attention portée au souffle contribue à développer le calme mental et la *méditation de la gratitude* diminue les pensées négatives : ainsi, le système nerveux est apaisé et le stress contenu. La vigilance qui se manifeste alors est en quelque sorte l'expression de cette dose minimale de stress

nécessaire à une bonne activité de la mémoire. Elle peut tout à fait être associée à ce « stress positif », qui permet de mettre en action l'ensemble de ses potentialités, dont la mémoire.

III

Guide pratique pour initier votre enfant à la méditation

Cette partie a pour but de vous présenter la méthode que nous avons imaginée pour introduire un entraînement de l'esprit dans la vie de votre enfant.
Cette méthode comprend tout d'abord un test ludique sur l'altruisme, puis la mise en place d'une routine quotidienne au moment du coucher, ainsi qu'un CD avec la ritournelle de Yupsi, la version enregistrée des contes et des exercices méditatifs.

1

Qui est Yupsi le petit dragon ?

Yupsi le petit dragon va accompagner votre enfant dans sa découverte de l'entraînement de son esprit. C'est pourquoi il est important que vous appreniez à bien connaître ce petit personnage.
Yupsi est un joli dragon bienveillant et inspirant que votre enfant va se prendre à aimer. Mais pas seulement ! Dans les huit contes de Yupsi, vous observerez qu'il reste toujours le même, tout en se manifestant de différentes manières.
Yupsi est en quelque sorte un ange gardien, mais il est aussi un ami spirituel. Dans les premiers contes didactiques, il apparaît totalement extérieur à l'enfant, se contentant de lui montrer ce qu'est la compassion. Puis, petit à petit, il l'entraîne à partager ce sentiment, puis à agir avec compassion et amour ; le cœur de l'enfant va progressivement s'ouvrir aux autres.

L'enfant se familiarise avec le petit dragon et prend l'habitude de l'appeler, en se concentrant sur lui. Enfin, dans le dernier conte didactique, il découvre que cette force spirituelle existe bel et bien en lui. Elle est présente chez tous les enfants, y compris le vôtre. Votre enfant va comprendre qu'il peut faire appel à cette force intérieure à tout moment.

Par une lecture des contes couplée avec les exercices de méditation guidés par Yupsi, votre enfant va surtout découvrir les bienfaits de la concentration, accompagnée de bienveillance. C'est la petite graine que ce livre souhaite déposer au plus profond de son cœur.

Par ailleurs, Yupsi le petit dragon est doté d'un souffle magique, comme celui d'une maman qui soigne un petit bobo en soufflant dessus. À un autre niveau, c'est une introduction au rôle fondamental du souffle que l'enfant découvrira s'il continue à entraîner son esprit tout au long de sa vie. Dans ce livre, les exercices proposés permettront une première familiarisation avec le souffle et un développement de l'altruisme.

2

La routine du soir

Dans le tourbillon de notre vie professionnelle et familiale, nous avons de moins en moins de temps pour aider nos enfants à appréhender leur quotidien. Yupsi le petit dragon vous donne un ensemble d'outils cohérents, faciles à utiliser, et vous soutient dans la mise en place d'une éducation stimulante pour votre enfant et ce, en y consacrant seulement quelques minutes chaque soir. La méthode est fondée sur la mise en place, au moment du coucher de votre enfant, d'une routine qui s'avérera très importante dans sa vie, car extrêmement rassurante pour lui. Il s'agit véritablement pour lui d'une nouvelle habitude à prendre. Peut-être aurez-vous la chance que votre enfant adhère tout de suite à ce rituel et en ressente vite quelques bienfaits, mais peut-être aussi sera-t-il moins réceptif que prévu, et il vous faudra alors plus de temps et de persévérance pour qu'il arrive peu à peu à apprécier ces quelques minutes d'inactivité apparente.

La routine démarre par la lecture d'une histoire. Votre enfant sera certainement attentif aux aventures de Yupsi et vous-même veillerez à être présent dans cette lecture de manière à développer des échanges interactifs avec votre enfant, lui permettant d'assimiler petit à petit l'enseignement des contes.

Après la lecture d'un conte, lancez la musique de la ritournelle (piste 1 du CD). Chantez avec votre enfant à haute voix. Le chant ouvre le cœur. Les paroles font partie de la méthode et votre enfant les apprendra très vite.

La ritournelle signale qu'il est temps de prendre la posture de méditation avec votre enfant sur le tapis de sa chambre, sur un coussin avec son petit ours ou son doudou dans les mains. Il est étonnant d'observer à quel point les enfants prennent la posture de manière naturelle. Et c'est parti pour l'exercice de respiration, puis celui de la gratitude. Certains d'entre vous penseront peut-être : « Mais alors, ce sont toujours les mêmes méditations ? Ce serait plus drôle de faire un exercice différent chaque soir. Mon enfant apprendrait beaucoup plus de choses. » Sûrement pas. Si on changeait chaque soir d'exercice, certes cela pourrait se montrer divertissant, mais votre enfant n'apprendrait pas la base de la méditation, qui est la concentration sur lui-même. Le travail ici ne se fait pas dans la diversité, mais en profondeur. Nous ne le répéterons jamais assez, le résultat naît de la pratique, de la régularité et de la persévérance, pas de la dispersion. La routine se termine par une dédicace faite à tous les enfants du monde.

ROUTINE QUOTIDIENNE DU SOIR

- Ouverture du cœur (lecture d'un conte de Yupsi sur la bienveillance).
- Ritournelle joyeuse de Yupsi.
- *Méditation du souffle* (trois respirations).
- *Méditation de la gratitude* (apprécier sa journée).
- Dédicace à tous les enfants du monde.

Les huit contes de Yupsi

Les contes à lire à votre enfant sont extrêmement simples et permettent de travailler sur une émotion ou une attitude face aux autres. Le dénominateur commun de ces contes est l'ouverture du cœur, qui va ancrer le développement de la bienveillance chez votre enfant. C'est pourquoi ces contes doivent être lus très attentivement. En tant que parent, vous saurez ménager des temps de silence pour que votre enfant puisse interagir, poser des questions ou faire des remarques.

Chaque conte peut être le point de départ d'une discussion avec votre enfant sur le sujet traité par Yupsi. Vous poserez différentes questions telles que : « Qu'éprouves-tu ? » pour que votre enfant puisse peu à peu apprendre à nommer ses émotions. Chaque histoire peut être lue plusieurs fois, les enfants adorent la répétition de leurs contes préférés.

Yupsi qui, dans les premiers contes, est totalement extérieur à l'enfant, va petit à petit se rapprocher de lui. À la lecture de la dernière histoire, l'enfant se rendra compte que le dragon fait partie intégrante de lui-même.

Pour vous aider à voir clair dans ces contes, voici les principaux thèmes abordés en compagnie de Yupsi. Chaque histoire est annoncée par une citation philosophique.

L'âne bleu qui faisait du vélo

Dans le conte de l'âne bleu, votre enfant et Yupsi vont faire connaissance. Le petit dragon montre à l'enfant combien il est bénéfique d'aider d'autres personnes, même si elles lui sont inconnues. Il lui explique en quelque sorte que tous les êtres ont envie d'être aimés et aidés, comme nous le voudrions pour nous-mêmes.

Le cerf-volant papillon

Dans ce premier conte, Louise va découvrir la joie de partager son cerf-volant avec un enfant qu'elle ne connaît pas. Elle comprend aussi grâce à Yupsi combien donner est enrichissant.

Discorde au pays des abeilles

Ce conte, éducatif quant à la vie des abeilles, aborde le thème de la différence entre les personnes, certaines pouvant paraître plus douées que d'autres. Votre enfant apprendra qu'il n'est pas utile de s'arrêter à ce genre de détails. Car, une fois encore, nous voulons tous être aimés et ce, quelles que soient nos aptitudes ou notre personnalité. Ce conte met en lumière le rôle négatif de notre ego et montre l'importance de savoir gérer des émotions telles que la colère, la jalousie ou l'envie.

Le blanchot prisonnier des glaces d'un torrent

Le thème de ce conte est celui de l'entraide, de l'efficacité du travail d'équipe et de la solidarité. Tous les animaux de la forêt vont faire preuve de courage pour sauver le petit lièvre, sous l'impulsion de Yupsi. L'émotion abordée ici est le stress : celui du lièvre, en danger au fond de son trou de glace, mais aussi celui du chevreuil qui a peur de ne pas réussir à sauver son ami.

L'enfant du Ladakh qui ne pouvait pas aller à l'école

Ce conte doit tout d'abord faire rêver votre enfant, qui s'envole jusqu'en Inde. Pourtant, on ne lui fait pas découvrir le pays des maharajas mais le Nord de l'Inde, qui est très pauvre, tout près de la frontière du Tibet. Yupsi met votre enfant en contact avec une réalité différente de celle à laquelle il est habitué. Et, très vite, c'est certain, il va développer des sentiments altruistes pour le petit garçon ladakhi. Peut-être comprendra-t-il aussi à quel point pouvoir aller à l'école est précieux.

L'enfant au pansement

Dans ce conte, Yupsi se promène à Londres. Votre enfant connaît bien le dragon maintenant et il commence à l'interpeller. La base du conte est encore l'ego. L'enfant mis en scène manifeste des émotions telles que la colère et l'agressivité, teintées de vanité : la jolie petite fille ne veut pas être vue avec un vilain garçon à la tête couverte de pansements. Yupsi va lui apprendre à ne pas porter de jugements hâtifs et même à éprouver de la compassion pour lui.

Les chatons sauvages

Ce conte traite de la compassion envers les animaux. Ceux-ci sont des êtres sensibles qui méritent les mêmes égards que les êtres humains. Ce ne sont en aucun cas des jouets pour les enfants. C'est ce que Yupsi fait comprendre à votre enfant à travers cette histoire. Et, si vous le souhaitez, ce conte pourra même vous servir de fondement pour introduire la notion de maltraitance animale avec lui.

La via ferrata de la joie

Ce dernier conte est l'aboutissement des précédents. Yupsi ne se manifeste plus de l'extérieur, il fait comprendre à votre enfant qu'en réalité, il est au-dedans de lui et le sera pour toujours. Les émotions qui sont abordées ici sont la peur et l'angoisse. Il s'agit pour votre enfant de développer sa confiance en lui. Yupsi lui révèle qu'il possède une force intérieure qu'il va devoir développer pour grandir tout au long de sa vie et que la méditation l'aidera à y parvenir.

EN RÉSUMÉ

En réfléchissant sur chaque conte, l'enfant, guidé par ses parents, va apprendre à :

- nommer ses émotions ;
- faire le tri entre les différents sentiments que les aventures de Yupsi vont susciter ;
- se poser des questions sur ses propres émotions ;
- intégrer les bénéfices de l'altruisme par l'ouverture du cœur.

Grâce à vous, la réflexion menée à partir de ces contes va donner à votre enfant un bon départ dans la vie et l'aidera plus tard à faire face à toutes sortes de maux : l'anxiété, la dépression, l'agressivité. Rappelez-vous que votre attitude de parent est fondamentale pour la stimulation de l'intelligence émotionnelle de votre enfant. Alors, faisons notre possible pour être des parents émotionnellement intelligents !

La ritournelle de Yupsi

Dans notre méthode, votre enfant a aussi droit à une petite récréation. C'est pourquoi nous avons imaginé la ritournelle de Yupsi. Cette petite chanson, gaie et légère, est volontairement répétitive pour que l'enfant l'apprenne par cœur et puisse la chanter à tout moment de la journée. Nous avons remarqué que les enfants auprès desquels nous avons expérimenté cette ritournelle l'apprenaient rapidement et n'arrêtaient pas de la chanter. Et c'est très bien ainsi, car les paroles de la ritournelle, simples mais reprenant des mots essentiels comme « cœur », « aider » ou « bonheur », ont été conçues en vue d'une éducation altruiste qui ne se fait pas uniquement sur un coussin de méditation mais à tous les instants de la vie de votre enfant. Et nous savons combien les comptines et chansons font partie intégrante de son univers.

De plus, le son et le chant sont un atout incroyable pour la pratique méditative. En effet, de tous temps, yogis et grands méditants ont utilisé des formules chantées appelées « mantras », reconnaissant ainsi le pouvoir de certains sons. Alors, en avant pour la ritournelle !

Comme Yupsi le petit dragon,
Ouvre tes yeux,
Ouvre ton cœur.
Tu verras combien c'est bon
D'aider les autres.
C'est le bonheur !

Méditation du souffle et méditation de la gratitude

Plusieurs types de méditations sont proposés en fonction de l'âge de votre enfant. Le tout-petit sera très fier de faire trois respirations et de réfléchir à tout ce qui lui est arrivé de bon dans la journée. C'est suffisant à cet âge. Ce qui compte, c'est la constance, la répétition de l'exercice tous les soirs. Après, il sera temps de développer et d'enrichir la pratique.
Les méditations proposées aux enfants plus âgés ont la même base que celles que vous avez effectuées en tant qu'adulte à la fin du « Livre premier », mais sont bien évidemment simplifiées. Comme pour les tout-petits, il est bon de répéter le même exercice, en le prolongeant petit à petit. On passera de 1 à 2 minutes pour les tout-petits, puis à 3 minutes, puis à 20 minutes à l'adolescence et enfin à 45 minutes à l'âge adulte – et même plus si cela convient.
Si vous faites partie des parents épuisés par leur journée, alors vous poser 5 minutes le soir avec votre enfant, bien respirer en observant votre souffle, penser avec gratitude aux bonnes choses de la journée, ne pourront que vous apporter un grand bien-être, réducteur de stress. Et la complicité qui se créera soir après soir avec votre enfant sera très gratifiante pour vous comme pour lui.

Dédicace à tous les enfants du monde

Le rituel du soir se termine immanquablement par une dédicace à tous les enfants du monde. Cela complète l'ouverture du cœur à l'altruisme, fondement de la stimulation de l'intelligence émotionnelle et relationnelle.

Musique d'un bol chantant

Si vous possédez un bol chantant tibétain ou népalais, il peut être sympathique de clore la routine par le tintement du bol. Le son dégagé, long et doux, calme bien les enfants au moment d'aller se coucher. Mais ce n'est pas indispensable.

3

Test ludique des « gommettes-cadeaux »

Lorsque, en tant que parent, nous prenons la responsabilité de modifier un tant soit peu l'éducation donnée à nos enfants, il n'est pas rare que des doutes surviennent. Est-ce que j'ai raison de lui recommander de faire cela ? Est-ce que cette éducation est bien adaptée à mon enfant ? En tirera-t-il des bénéfices ? C'est pour vous conforter dans votre intuition que nous avons inclus dans la méthode de Yupsi un test inspiré de l'expérience d'une école maternelle de la ville de Madison, dans l'État du Wisconsin, aux États-Unis. Cette expérience, relatée par Matthieu Ricard[5], a été mise au point par le Centre d'investigation de la bonne santé mentale (*Center for Invastigating Healthy Minds*) fondé par le psychologue et neuroscientifique Richard Davidson.

Dans cette expérience, les enfants de 4-5 ans sont invités à se coucher sur le dos et à suivre attentivement les mouvements de leur souffle. Le matin, ils répètent leur motivation à haute voix : « Puisse tout ce que je pense, tout ce que je dis et tout ce que je fais ne causer aucun tort aux autres, mais au contraire les aider. » Et, au cours de leur journée, l'altruisme est mis en valeur par leurs enseignants.

Avant de commencer l'expérience, la maîtresse de cette école demande à ses élèves de faire une distribution de cadeaux à quatre enfants très différents : leur meilleur ami, un enfant qu'ils n'ont jamais vu, un enfant visiblement malade qui porte un pansement sur le front et l'enfant qu'ils apprécient le moins. On constate que, d'emblée, presque tous les cadeaux vont à leur meilleur ami.

Au bout de dix semaines, à raison de trois séances de 30 minutes par semaine, on s'aperçoit que les enfants répartissent les cadeaux de manière beaucoup plus égale entre toutes les catégories d'enfants. Devant ces résultats remarquables, la municipalité de Madison a même demandé à Richard Davidson d'étendre ce programme à d'autres écoles de la ville.
La méthode de Yupsi le petit dragon procède de ce test : le premier est à faire le jour où votre enfant commence la routine et le second après dix semaines de pratique quotidienne. Alors, avant de commencer la lecture des contes de Yupsi, faites d'abord remplir la première page du test à votre enfant.
Nous vous conseillons avant tout de préparer les deux pages de test : prenez deux photos du meilleur ou de la meilleure ami(e) de votre enfant (une par page de test) et collez chacune d'elles à côté de la première boîte-cadeaux intitulée « photo ».
Jouez ensuite aux gommettes avec votre enfant. Munissez-vous d'une planche de gommettes (ou autocollants), peu importe leur forme. Tous les enfants adorent décoller et recoller les gommettes ; expliquez bien au vôtre que Yupsi a apporté plein de cadeaux à distribuer et qu'il peut les donner à qui il veut, en toute liberté. Il ne vous reste plus qu'à observer comment votre enfant répartira ses cadeaux. Cela vous donnera une indication de ses dispositions initiales.
Au bout d'un minimum de dix semaines, refaites le test en utilisant la seconde page. Si vous constatez un changement dans la remise des cadeaux, c'est que Yupsi aura accompli sa mission !

4

Un CD au secours des parents

Comme nous l'avons souligné, la régularité est fondamentale, ainsi que votre présence – si possible en pleine conscience, bien posé ici et maintenant. Cela dit, s'il vous arrive d'être absent, un CD pourra, en quelque sorte, vous remplacer. Mais vous pouvez aussi bien l'écouter avec votre enfant.

Le CD se compose de 12 plages à explorer selon l'âge et l'avancement de votre enfant. En revanche, la piste 1 vous sera utile tous les soirs, car il s'agit de la ritournelle de Yupsi que l'enfant se fera un plaisir de chanter à pleine voix.

Plage 1 : ritournelle de Yupsi

Dans le cadre de la routine, écoutez tous les soirs cette ritournelle, tout du moins au début, pour l'apprendre avec votre enfant et la chanter avec lui. Cette écoute intervient juste après la lecture du conte de Yupsi, en prenant la posture de méditation sur un coussin.

Plage 2 : méditation pour les tout-petits, à partir de 3 ans

Après avoir écouté un conte, votre enfant sera invité à écouter ces deux textes pour s'initier à la méditation.

Voici le déroulement :

- *Méditation des 3 respirations* avec le nounours (*méditation du souffle* simplifiée)
- *Méditation de la gratitude*, pour les tout-petits
- Dédicace à tous les enfants du monde

Plage 3 : méditation pour les plus grands, à partir de 5 ans (ou selon les progrès de votre enfant)

Après le conte, des méditations sont aussi proposées pour les plus grands enfants.

Voici le déroulement :

- *Méditation du souffle*
- *Méditation de la gratitude*, pour les plus grands
- Dédicace à tous les enfants du monde

Plages 4 à 11 : les huit contes de Yupsi

Chaque soir, votre enfant pourra choisir en autonomie l'un des huit contes de Yupsi qu'il désire écouter.

Plage 12 : à partir de 5 ans (selon les goûts de votre enfant)

Il s'agit de la *marche méditative*. Votre enfant n'aura qu'à écouter le CD et accorder son pas au rythme de la marche proposée. Il pourra suivre sans difficulté les instructions.

Ça y est, vous êtes prêt pour la mise en pratique de la méditation avec votre enfant. Il ne vous reste plus qu'à vivre tous ces moments exceptionnels avec lui, dans la joie et la légèreté, créant ainsi une relation encore plus riche et plus profonde.

LIVRE SECOND

Le souffle magique
de Yupsi le petit dragon

Test ludique des « gommettes-cadeaux »

Niveau initial de la bienveillance de votre enfant

Yupsi le petit dragon vit dans une galaxie différente de la nôtre où tout le monde est heureux. Mais, comme il aime bien les enfants, il vient souvent sur Terre pour les aider à avoir une vie plus joyeuse.

Aujourd'hui, Yupsi a envie de jouer avec toi. Il t'a apporté plein de cadeaux pour que tu puisses les offrir. Alors, à qui vas-tu donner tous ces cadeaux ? (Montrer la planche de gommettes.)

Tu peux les offrir à ta meilleure amie ou ton à meilleur ami, à un enfant que tu ne connais pas, à un enfant malade ou accidenté, ou à quelqu'un de ta classe qui t'ennuie tout le temps.

Colle les gommettes sur les boîtes-cadeaux des enfants. Tu n'es pas obligé d'en donner à tout le monde et tu peux en coller autant que tu veux. À toi de jouer !

Maintenant, compte combien de cadeaux tu as fait à chaque enfant et indique le résultat à côté.

Ton/ta meilleur(e) ami(e)

total

Enfant inconnu

total

Enfant malade

total

Celui/celle qui t'ennuie le plus

total

I

Tous les soirs, fais comme Yupsi…

L'heure est venue d'aller se coucher. Comme tous les soirs,
Yupsi le petit dragon va se concentrer
un peu sur son souffle magique avant de dormir
et passer une bonne nuit.

1

Position du lotus

Tout d'abord, tu vas prendre ton petit ours ou ton doudou et te mettre dans la même position que l'enfant sur le dessin.

Assieds-toi en lotus, sur ton petit coussin préféré, les jambes croisées, la jambe gauche à l'intérieur, la jambe droite devant.
Garde ton dos bien droit, comme une pile d'assiettes.
Et les yeux ouverts, en regardant vers le bas.
Pose ton petit ours ou ton doudou sur le bas de ton ventre, tes mains en appui sur tes cuisses.

2

Méditation des 3 respirations

Observe ta respiration… Quand tu inspires lentement, ton ventre se gonfle… Tu peux sentir ton petit ours qui avance. Retiens ton souffle une seconde dans ton ventre… Maintenant, tu souffles et ton ventre se vide et se creuse… Tu peux sentir ton ours qui recule.
Concentre-toi bien sur ton souffle et sur ton petit ours. Suis le mouvement de ton petit ours qui avance et qui recule avec ta respiration.
Inspire lentement, ton ventre se gonfle et tu sens ton petit ours qui avance. Retiens ton souffle une seconde dans ton ventre. Maintenant tu souffles, ton ventre se vide et se creuse et tu sens ton petit ours qui recule.
Inspire encore lentement, ton ventre se gonfle et tu sens ton petit ours qui avance. Retiens ton souffle une seconde dans ton ventre. Maintenant tu souffles, ton ventre se vide et se creuse et tu sens ton petit ours qui recule.

3

Méditation de la gratitude

Maintenant, tu peux rester sur ton coussin ou t'asseoir au bord de ton lit et fermer les yeux. Pense à tout ce qui t'est arrivé de bien dans ta journée.
Pense à ta maîtresse et à tout ce qu'elle a fait pour toi… Pense à ta maman qui t'a aidé(e), à ton (ta) meilleur(e) ami(e) avec qui tu as couru au parc ou dans la cour de l'école… Pense à tout ce qui s'est passé de bien pour toi aujourd'hui.
Reste une minute en silence pour apprécier tout cela…

C'EST FINI !

Dis-moi comment ça s'est passé. Est-ce que tu te sens mieux ?

4

Dédicace à tous les enfants du monde

Yupsi fait maintenant des souhaits bienveillants pour toi et pour tous les enfants du monde entier. Toi aussi, tu peux souhaiter au fond de ton cœur que tous les enfants du monde soient heureux. Tu peux dire à haute voix : « Je veux que tous les enfants du monde soient heureux. »

BONNE NUIT !

II

Les contes de Yupsi

Suis les aventures de Yupsi le petit dragon
et de tous ses amis !

1

L'âne bleu qui faisait du vélo

« On fait son propre bien en s'occupant des autres. »
La Puissance de l'amour, Sa Sainteté le Gyalwang Drukpa

Par une belle journée bien ensoleillée, Yupsi le petit dragon décide d'aller se promener dans la forêt.
Sur la route qui serpente entre les arbres, il aperçoit un âne bleu assis par terre, à côté d'un vélo couché dans l'herbe. L'âne semble tout triste, sans doute parce que le pneu de son vélo est complètement dégonflé.

Yupsi, qui n'a jamais vu d'âne bleu, le trouve très étrange, mais il décide tout de même d'aller lui parler.
« Bonjour, bel âne bleu, lance Yupsi. Que fais-tu là, assis par terre ? Raconte-moi un peu ce qui te chagrine. »
« J'allais au village voisin pour participer à une course de vélo, explique l'âne bleu en reniflant bruyamment, quand soudain mon pneu a crevé en chemin. J'ai essayé de le réparer, mais ma pompe s'est cassée. Mon vélo ne peut plus rouler. Plus de vélo, plus de course, c'est pour ça que je suis si triste. »
Yupsi lui répond : « Sais-tu que les dragons ont un souffle très puissant ? »
« Et alors ? » réplique l'âne bleu dans un sanglot.
« Et alors, il se trouve que je suis un dragon, et ton pneu, je parie que je le gonfle ! Mais il faut d'abord enlever ceci. » En se penchant sur le vélo, Yupsi brandit une petite tige de fer pointue et s'écrie : « Regarde, c'est ce vilain clou qui a crevé ton pneu ! »
Un peu de bave de dragon bien élastique pour boucher le trou et le tour est presque joué. L'âne bleu observe la scène d'un œil admiratif, il a séché toutes ses larmes.
Il ne reste plus qu'à gonfler le pneu. Yupsi se met à souffler dedans de toutes ses forces et le pneu se regonfle d'un coup d'un seul. Grâce au souffle magique de Yupsi, le vélo est réparé !

« Oh, tu as réussi, tu as réparé mon vélo, hurle l'âne bleu, fou de bonheur. Merci Yupsi ! Grâce à toi, je vais enfin pouvoir participer à la course. »
À ces mots, il embrasse le museau du petit dragon pour le remercier, remonte sur son vélo et s'éloigne en chantant à travers les bois.
Devant la joie de l'âne bleu, Yupsi se sent soudain très léger et tout heureux.

Comme Yupsi le petit dragon,
Ouvre tes yeux,
Ouvre ton cœur.
Tu verras combien c'est bon
D'aider les autres.
C'est le bonheur !

Maintenant, l'heure des 3 respirations est venue[6] !

2

Le cerf-volant papillon

« L'amour seul connaît le secret de s'enrichir en donnant. »

Socrate

Un jour, alors que Yupsi le petit dragon se promène sur la Terre, il aperçoit sur un terrain de jeu une petite fille qui semble faire la tête.

Elle tient dans ses mains un très beau cerf-volant en soie rose qui a la forme d'un papillon. Depuis toujours, elle en rêvait, et sa maman vient juste de le lui rapporter d'un voyage à Pékin, en Chine.

Yupsi s'approche d'elle et lui dit : « Bonjour, Louise (car il devine le prénom de tous les enfants qu'il rencontre). Tu possèdes vraiment le plus beau de tous les cerfs-volants. Mais pourquoi fais-tu donc la tête ? »

Louise lui répond : « Il n'y a pas assez de vent aujourd'hui, alors je m'ennuie car mon cerf-volant ne peut pas voler. »

Un petit garçon s'est approché, lui aussi. Il regarde le cerf-volant avec des yeux émerveillés car, de toute sa vie, il n'en a jamais vu d'aussi beau.

Observant cela, Yupsi dit à Louise : « Puisque tu ne joues pas avec ton cerf-volant, tu pourrais le prêter à ce petit garçon ? Il s'appelle Max. Tu verras comme c'est bon de faire plaisir à quelqu'un. »
« Sûrement pas, répond la petite fille, ce cerf-volant est à moi et je le garde. »
Comme Yupsi insiste, elle se met en colère et commence à taper du pied : « Non, il est à moi, tu m'entends, il est à moi ! »
Alors, le dragon lui dit doucement : « Si tu ne veux pas prêter ton cerf-volant à Max, accepte au moins de le partager et de jouer avec lui. »
Louise réfléchit. Au bout de quelques secondes, un large sourire apparaît sur son visage. En sautillant, elle se dirige vers Max et lui demande de venir jouer avec elle. Les yeux du petit garçon s'illuminent instantanément : il semble très heureux de cette proposition !

Pour aider les deux enfants à jouer avec le cerf-volant, Yupsi utilise son souffle magique. Il souffle en tendant ses narines vers le ciel, et un joli vent se lève sur le terrain de jeu. Le grand papillon rose s'envole alors dans les airs et les enfants le suivent en riant. C'est magnifique de les voir s'amuser ensemble. Ils ont le cœur plein de joie !
Au bout d'un moment, Louise est fatiguée et s'arrête de courir. Elle laisse Max jouer tout seul avec le cerf-volant. Elle le regarde s'amuser comme un petit fou et guider le papillon de soie rose. Elle réalise alors à quel point il est heureux de faire voler le papillon. Il semble même plus heureux qu'elle d'avoir un cerf-volant. Sur-le-champ, elle décide de le lui donner. Oui, elle va donner son cerf-volant à Max ! Et, à cette pensée, elle sent son cœur qui gigote de bonheur à l'intérieur.
À la vue de ces deux enfants souriants et joyeux, Yupsi se sent très léger et tout heureux.

Comme Yupsi le petit dragon,
Ouvre tes yeux,
Ouvre ton cœur.
Tu verras combien c'est bon
D'aider les autres.
C'est le bonheur !

Maintenant, l'heure des 3 respirations est venue[6] !

3

Discorde au pays des abeilles

*« Tout le malheur vient de l'amour de soi
et tout le bonheur du cœur altruiste. »*

La Marche vers l'éveil, Shantideva

Léa est une toute jeune et jolie abeille, très fière de sa resplendissante robe à rayures marron, orange et jaune pâle. Dans la ruche, c'est une butineuse, c'est-à-dire qu'elle est chargée de rapporter le nectar des fleurs qu'elle butine. Et des fleurs, on en trouve beaucoup en Provence pour faire du bon miel. Léa pourrait aussi bien butiner les fleurs de colza, de thym, de tilleul, de châtaignier, de lavande ou d'acacia. Mais elle a choisi de récolter uniquement le nectar des fleurs blanches d'amandier, parce que c'est le plus délicat.

Tous les matins, elle fait soigneusement sa toilette, elle se lisse les ailes avec ses pattes fines. En effet, ses deux paires d'ailes doivent être impeccables pour battre parfaitement en vol. Parfois, elle croise Yupsi le petit dragon qui vient chercher le miel que lui offrent ses amies les abeilles.

Très tôt, Léa quitte la ruche pour aller se poser sur les plus belles fleurs d'amandier de la région. Avec beaucoup d'application, elle remplit son jabot du précieux nectar, qu'elle rapporte ensuite à la ruche. Malheureusement, ses journées sont constamment gâchées par Clara, une autre abeille qui se montre jalouse envers elle et très agaçante. Ainsi, quand Léa se choisit une belle fleur d'amandier, Clara surgit immédiatement et la bouscule pour pouvoir se poser sur la même fleur. Et comme la fleur est trop petite pour deux, elle bascule, chassant les deux abeilles. Léa s'envole alors pour choisir une autre fleur. Mais Clara est toujours là pour la pousser et prendre sa place.

« Arrête de me suivre ! » lui crie Léa.

« Ne fais donc pas tant d'histoires, va te chercher une autre fleur », lui répond Clara.

« Est-ce que tu sais que je dois faire au moins dix voyages par jour pour rapporter le nectar à la ruche ? Et toi tu me retardes sans cesse », lâche Léa.

« Mais il n'y a que toi qui saches trouver de si belles fleurs, gémit Clara. Laisse-moi butiner juste celle-là et trouve-t'en une autre. »

Tous les jours, elles se disputent ainsi les fleurs d'amandier. Et Léa en a assez. Elle finit par penser que Clara est sa pire ennemie et elle se demande vraiment comment elle pourrait s'en débarrasser, une bonne fois pour toutes.

Par une splendide matinée, Léa est occupée à collecter sa précieuse récolte. Elle est tellement absorbée qu'elle ne voit pas arriver une vilaine araignée Thomise rouge. Or, l'araignée est un animal très dangereux pour les abeilles, car elle les attrape dans sa toile gluante et les dévore. Ce matin-là, postée en embuscade, elle observe Léa qui butine. Elle tisse alors une belle toile entre deux fleurs d'amandier à l'aide de fils de soie solides et bien collants. Ensuite, elle attend patiemment que Léa décide de changer de fleur. Alors qu'elle reprend son vol à grande vitesse pour ne pas perdre de temps, la petite abeille heurte violemment la toile de l'araignée et se retrouve prise au piège des fils de soie. Pas de doute, l'araignée va la manger !

Fidèle à son habitude, Clara a suivi Léa de fleur en fleur et elle comprend vite que la petite abeille est en grand danger.
Que faire pour l'aider ? Elle décide d'aller chercher Yupsi car, seule contre l'araignée, elle ne peut rien faire. Elle vole très vite jusque chez lui et lui demande de venir secourir Léa. Ensemble, ils se mettent en route. À leur arrivée, Léa est toujours en vie, mais elle semble épuisée à force d'avoir essayé de s'échapper de la toile de l'horrible araignée rouge.

Immédiatement, Yupsi se met à souffler de petites flammes pour faire reculer l'araignée, que le feu terrorise. Pendant ce temps, Clara coupe les fils de soie à l'aide de ses puissantes mandibules, jusqu'à ce que Léa soit totalement dégagée de la toile. Alors, Clara la dépose délicatement sur le dos de Yupsi car, entre-temps, elle s'est évanouie. Ensemble, ils la ramènent à la ruche.

Quand Léa revient à elle, la première personne qu'elle voit est Clara. À son sourire, elle comprend que c'est elle qui lui a sauvé la vie. Elle a soudain un peu honte. Elle s'en veut d'avoir toujours voulu garder les belles fleurs d'amandier pour elle seule alors qu'elle aurait dû aider Clara à trouver elle aussi le meilleur nectar et partager sa récolte. Oui, elle se dit qu'elle a été bien égoïste.
À partir de ce jour, les choses ont changé. Désormais, chaque matin, Léa appelle Clara pour lui montrer les plus belles fleurs dans lesquelles elle pourra butiner un doux nectar. Ensemble, elles font équipe, et ce sont elles qui rapportent le plus de nectar de toute la ruche. De plus, Léa sait qu'elle peut compter sur Clara, car elle a le coup d'œil pour repérer les araignées cachées entre les fleurs. Avec elle, elle n'est plus en danger.
Yupsi se sent très léger et tout heureux depuis que ces deux abeilles sont devenues amies, qu'elles ont enfin appris à s'aimer et à apprécier leurs différences. Grâce à elles, la ruche fabriquera encore plus de miel pour les petits gourmands et, d'avance, Yupsi s'en lèche les babines.

Comme Yupsi le petit dragon,
Ouvre tes yeux,
Ouvre ton cœur.
Tu verras combien c'est bon
D'aider les autres.
C'est le bonheur !

Maintenant, l'heure des 3 respirations est venue[6] !

4

Le blanchot prisonnier des glaces d'un torrent

« Lorsque nous accomplissons des actions positives motivées par la bonté, l'altruisme, l'empathie, nous nous sentons pleinement nous-mêmes. »

Du Bonheur, Frédéric Lenoir

L'hiver est arrivé sur la Terre et le froid a recouvert toutes les montagnes d'une épaisse couche de neige blanche. À peine sorti de son terrier, Pom-Pom, un lièvre variable communément appelé « blanchot », s'amuse déjà à sauter dans la neige pour attraper les flocons qui tournent au-dessus de sa tête – comme on est en hiver, Pom-Pom a perdu ses poils brun-gris de l'été et il est devenu tout blanc pour se confondre avec la neige.

À l'aide de ses petites pattes arrière en forme de raquettes, il peut s'en donner à cœur joie sans s'enfoncer dans la poudreuse. Et il ne s'en prive pas ! Mais, tout à coup, il arrive sur une plaque glacée très dure et se met à glisser. Il sent qu'il ne peut plus s'arrêter. Il glisse, glisse tant et si bien qu'il atterrit sur un torrent totalement gelé. Couché sur le flanc, ses pattes fouettant l'air, Pom-Pom continue sa folle glissade. Tantôt il tourbillonne sur le miroir gelé, tantôt il file comme l'éclair. C'est alors qu'il décolle sur une petite bosse et retombe juste au bord d'une cavité creusée dans la glace, un trou assez profond dans lequel il disparaît soudain

en poussant un long cri strident. Le voilà prisonnier des glaces du torrent !
Par chance, Zouari le petit chevreuil a vu toute la scène : la glissade sur le torrent ainsi que la chute brutale de son ami dans le trou glacé. Il bondit dans la neige fraîche pour se rapprocher de la cavité où Pom-Pom a disparu. Il se penche un peu au-dessus pour mieux en scruter le fond et aperçoit avec soulagement le blanchot, coincé tout en bas, qui essaie désespérément de sauter hors du trou.
Zouari lui crie alors : « Ne t'inquiète pas, Pom-Pom, je vais aller chercher de l'aide pour te sortir de là ! »
Sur ce, il s'éloigne en galopant. Un peu plus loin, sur une pente de neige fraîche, il croise Yupsi le petit dragon qui fait de la luge en riant et qui semble s'amuser comme un petit fou.
Zouari l'interpelle : « Yupsi, j'ai vraiment besoin de toi. Pom-Pom est tombé dans un trou de glace, qu'est-ce qu'on peut faire pour l'aider ? »
« D'abord, rester calme, lui dit Yupsi en réfléchissant. Ça y est, j'ai une idée, mais nous allons avoir besoin de beaucoup de monde. Va chercher tous tes amis et demande-leur de se rassembler près du torrent, là où notre cher Pom-Pom est prisonnier. Dis-leur aussi d'apporter tout le bois qu'ils trouveront sur leur passage, cela risque de nous être très utile ! »
Aussitôt dit, aussitôt fait. Zouari alerte tous les animaux et leur transmet le message de Yupsi. Et, très vite, le renard, la belette, le chamois, l'hermine blanche et le lynx se retrouvent au bord du torrent, chargés de branches de bois en tout genre.
Yupsi organise rapidement les secours. De ses pattes avant, il enlace d'abord le tronc d'un gros arbre pour avoir un appui, puis il dirige sa longue queue reptilienne vers le trou ouvert dans la glace d'où sortent les appels du lièvre prisonnier. Sa queue s'enfonce légèrement dans la cavité, mais n'est pas assez longue pour atteindre Pom-Pom.

Yupsi demande alors au chevreuil de descendre le long de son dos et de se pendre au bout de sa queue pour essayer d'attraper Pom-Pom. Mais ce n'est pas suffisant ! C'est alors au tour du lynx de glisser sur la queue de Yupsi, puis de se suspendre aux pattes du chevreuil pour descendre encore plus loin dans le trou. Comme cela ne suffit toujours pas, Yupsi demande au renard de ramper le long de sa queue et d'aller s'agripper aux pattes du lynx. Mais il manque encore quelques centimètres pour rejoindre Pom-Pom. La belette, courageuse, se lance à son tour. Elle avance prudemment sur la queue de Yupsi. Puis, passant sur la tête et le corps de tous ses amis, elle finit par aller s'accrocher solidement aux pattes du renard. Elle sent alors ses petites griffes toucher le fond de la cavité : Pom-Pom peut enfin grimper sur le dos de ses amis, remonter sur la queue du petit dragon et atteindre l'air libre.

Il est sauvé ! Ses amis remontent alors eux aussi, un à un, à la surface.

Voyant que tous les animaux grelottent de froid après cet exploit collectif, Yupsi se met à souffler de toute la force de son souffle magique sur le tas de bois entassé près du torrent. Celui-ci prend feu aussitôt. De grandes flammes s'élancent vers le ciel et réchauffent la petite bande de joyeux sauveteurs.

Grâce à son calme et à son courage, mais surtout grâce à la solidarité de tous les animaux, Zouari le chevreuil a pu aider le blanchot à se libérer des glaces du torrent.

Alors tous se mettent à faire une ronde autour du feu et à danser avec légèreté et gaieté, heureux d'avoir écouté Yupsi et sauvé leur ami.

Comme Yupsi le petit dragon,
Ouvre tes yeux,
Ouvre ton cœur.
Tu verras combien c'est bon
D'aider les autres.
C'est le bonheur !

Maintenant, l'heure des 3 respirations est venue[6] !

5

L'enfant du Ladakh qui ne pouvait pas aller à l'école

« Laisse davantage de place aux autres dans ton cœur. »
La Retraite de l'esprit, S.E. Gyalwa Dokhampa

Emma est une petite fille qui n'est jamais contente et qui a tendance à se mettre souvent en colère et à pleurnicher pour un oui ou pour un non. Sa maman a beau lui expliquer que ça ne sert à rien, elle continue à le faire malgré tout.
Un jour, Yupsi le petit dragon, qui la connaît bien, lui fait une étrange proposition :
« Tu pleures beaucoup, ma petite Emma. Tu es malheureuse et je suis sûr que c'est parce que tu penses que tu n'as pas assez de jouets. Veux-tu devenir la petite fille la plus heureuse de la Terre ? »
Tandis qu'Emma hoche la tête pour dire oui, Yupsi continue :
« Alors, vas-y, monte sur mon dos. Comme mon souffle est aussi fort qu'un réacteur d'avion, je peux te faire voler. Je vais t'emmener voir d'autres enfants et tu verras que tu deviendras aussi heureuse qu'eux ! »

Emma monte sur le dos ailé de Yupsi et, ensemble, ils volent longtemps, par-dessus les océans et les mers, jusqu'au Ladakh, au nord de l'Inde, dans une région de très hautes montagnes que l'on appelle l'Himalaya. Il faut savoir qu'au Ladakh, la terre est si sèche que presque rien ne pousse.
Après plusieurs heures de vol, Yupsi et Emma arrivent enfin à Tiri, un petit village de montagne où habite un enfant du nom de Tsering Dorjee, qui est l'ami de Yupsi.
Bien qu'il ait très peu de jouets chez lui, Tsering Dorjee semble très joyeux. Ses parents font tout ce qu'ils peuvent pour lui. Chaque jour, ils lui donnent de la bonne nourriture et surtout beaucoup d'amour. Son jouet préféré est une petite boîte en fer qu'il pousse avec un bâton. Et, quand il va garder les jolies chèvres pashmina de la famille, sa petite boîte l'accompagne sur le sentier et fait comme une petite musique qui l'aide à rassembler les bêtes autour de lui.

Tsering aime beaucoup sa vie au Ladakh, mais il a un gros regret, celui de ne pas pouvoir aller à l'école. En effet, dans son village, très isolé dans la montagne, on n'a jamais construit d'école. Alors, pour s'y rendre, il lui faudrait aller dans une ville loin, très loin de son village, mais ce serait trop cher pour ses parents. Et puis, de toute façon, ses parents ont besoin de lui pour garder les chèvres, alors ils ont fini par décider qu'il n'irait pas à l'école.

Très vite, Emma devient l'amie de Tsering. Il lui apprend à trouver son chemin dans la montagne, à écouter et reconnaître le chant des oiseaux, à lire le dessin des nuages et des étoiles. Ensemble, ils partagent la bonne farine d'orge grillée donnée par les parents de Tsering pour le repas de midi. Ensemble, ils jouent à pousser la petite boîte en fer.

Peu à peu, Emma se rend compte à quel point sa vie à elle est facile et combien elle a de la chance de pouvoir aller chaque jour à l'école. Elle se promet de demander à ses parents comment aider Tsering pour qu'il puisse y aller un jour, car il est très intelligent et l'école pourrait changer sa vie. Elle se dit aussi qu'elle pourrait en parler à sa maîtresse, à ses camarades de classe. Ensemble, ils pourraient peut-être trouver une idée pour récolter de l'argent qui servirait à construire une école dans le village de Tsering.

Toutes ces belles idées fleurissent dans le cœur d'Emma et lui donnent beaucoup de joie. Elle se sent soudain heureuse, très heureuse, la plus heureuse du monde !

Mais il faut déjà rentrer, car il est tard. Yupsi promet à Emma de la ramener au Ladakh une autre fois pour voir Tsering. Alors elle remonte sur le dos du dragon, le cœur plein d'amour et de joie.

Comme Yupsi le petit dragon,
Ouvre tes yeux,
Ouvre ton cœur.
Tu verras combien c'est bon
D'aider les autres.
C'est le bonheur !

Maintenant, l'heure des 3 respirations est venue[6] !

6

L'enfant au pansement

« Il ne faut point juger des gens sur l'apparence. »
« Le Paysan du Danube », *Fables*, Jean de La Fontaine

Dimanche après-midi, Maya, juchée sur sa trottinette rouge ornée d'une belle tête de cheval mauve, a obtenu de sa mère l'autorisation de descendre leur jolie rue de Harcourt Terrace pour rejoindre le parc, tout près. Bien sûr, il a fallu promettre de garder le casque pour toute la promenade, de bien rester sur le trottoir et surtout de faire attention en traversant la rue qui mène au jardin. Forte de ses promesses, Maya avance à vive allure, le cœur léger.

C'est alors qu'une trottinette bleue la dépasse à toute allure. Maya accélère pour la rattraper. Quand elle arrive à son niveau, Maya tourne la tête vers le conducteur et découvre un petit garçon dont le front est barré d'un gros pansement qui dépasse du casque. Il porte de grosses lunettes épaisses et son visage est couvert de taches de rousseur. Maya sent le fou rire monter devant ce garçon un peu ridicule. En voilà un qui ne sait pas faire de la trottinette et qui a dû tomber le nez sur le trottoir à cause d'une minuscule racine d'arbre !

« Trop nul, ce garçon est vraiment trop nul », pense Maya. Et elle accélère pour le dépasser. Elle l'entend alors qui l'appelle dans son dos :
« Hé, attends-moi ! lui crie le petit garçon. Je m'appelle Archie et je voudrais jouer avec toi ! »
Mais Maya n'a aucune envie de jouer avec un garçon qui n'a vraiment pas l'air doué, puisqu'il n'a pas su éviter la chute, et qui, de plus, a toutes les chances de la faire tomber elle aussi. Elle essaie alors d'avancer le plus vite possible pour le distancer, mais Archie, à l'aise sur son engin, la rattrape. Il lui fait signe de s'arrêter pour pouvoir lui parler. Maya sent la colère monter en elle. Elle stoppe net son véhicule et lui dit, droit dans les yeux :
« Laisse-moi tranquille, je n'ai pas envie de jouer avec toi. Visiblement, tu ne sais pas faire de la trottinette, parce que tu n'arrêtes pas de tomber. »

« Mais qu'est-ce que tu racontes ? lui répond Archie. Au contraire, je suis plutôt bon en équilibre, et j'ai vu que toi aussi tu te débrouillais très bien. Alors j'ai eu envie de jouer avec toi au jardin. »
« Ah oui ? Et comment expliques-tu ce gros pansement affreux que tu as sur le front ? Tu es tombé, donc tu es nul en trottinette. Et moi je ne joue pas avec les nuls, un point c'est tout. »
Et, sur ces paroles, Maya démarre et file jusqu'au parc. En patinant dans les allées baignées d'un soleil printanier, elle rencontre Yupsi le petit dragon, qui semble se reposer, allongé sur la pelouse bien verte.
« Salut, Yupsi ! lui lance Maya. Belle journée, n'est-ce pas ? »
« C'est vrai, lui répond Yupsi, mais pas pour tout le monde. »
« Ah bon, dit Maya, tu as des ennuis ? Si tu veux m'en parler, je suis là, je t'écoute. »
Yupsi connaît bien Maya, il sait qu'elle a bon cœur. Alors il se lance :
« Je voudrais te parler d'un petit garçon qui, aujourd'hui, s'est senti bien malheureux. » En disant cela, grâce à son souffle magique, il souffle un gros nuage blanc qui devient pour Maya comme un écran de cinéma.
« Je veux te parler d'Archie. » Et un petit garçon plein de taches de rousseur apparaît sur l'écran. Maya le reconnaît immédiatement. Yupsi poursuit son récit en même temps que le film sur l'écran :
« Voici ce qui lui est arrivé. Il y a deux semaines, il gardait tranquillement sa petite sœur à la maison. Comme elle commence juste à marcher, Archie la surveillait du coin de l'œil. Pendant qu'il était allé chercher un verre d'eau à la cuisine, elle a entrepris d'escalader la fenêtre et Archie l'a retrouvée à cheval sur le rebord, prête à tomber dans le vide. N'écoutant que son courage, il a bondi pour la rattraper et l'a tirée en arrière, l'entourant de ses bras pour la protéger. Au cours de cette action héroïque, sa tête a

heurté le radiateur et il a été blessé au front. Le gros pansement que tu vois, c'est la marque de son courage. »
Le souffle magique de Yupsi se dissipe alors et Maya a les yeux pleins de larmes. Elle réalise qu'elle a jugé Archie injustement. Elle regrette tant de s'être moquée de lui. Que faire ? Yupsi la regarde avec tendresse et, de sa grosse patte de dragon, lui pointe une trottinette bleue qui fonce dans les allées du parc. Maya ne perd pas de temps, elle enfourche sa trottinette et file vers Archie. Sans doute trouvera-t-elle les mots pour se faire pardonner de son erreur et de ses mots blessants. Sans doute lui demandera-t-elle aussi de partager ses jeux, lui redonnant ainsi le sourire.
De loin, Yupsi les regarde discuter, éclater de rire, puis repartir côte à côte sur leurs engins roulants. Devant la joie retrouvée de ces deux enfants, il se sent tout léger et très heureux.

Comme Yupsi le petit dragon,
Ouvre tes yeux,
Ouvre ton cœur.
Tu verras combien c'est bon
D'aider les autres.
C'est le bonheur !

Maintenant, l'heure des 3 respirations est venue[6] !

7

Les chatons sauvages

« Il faut remettre l'homme au cœur du monde animal. »

L'animal est une personne, Franz-Olivier Giesbert

Comme ils le font très souvent quand ils sont en vacances chez leur grand-père, Loïse et Ilam jouent dans l'abri situé juste derrière la ferme. Cet appentis sert aussi de débarras, si bien que les enfants y découvrent chaque fois une multitude de trésors.

Alors qu'ils sont occupés à dégager une vieille voiture électrique coincée entre deux énormes bidons, Loïse croit entendre un petit bruit, aigu et plaintif, comme des pleurs qui sortiraient des cartons de livres entreposés. « Qu'est-ce que cela peut bien être ? » se demande-t-elle. Elle est pourtant sûre qu'ils sont seuls.

Ilam, de son côté, n'a rien entendu. D'ailleurs, il ne pense qu'à la petite voiture électrique. Il appelle sa sœur : « Viens m'aider, Loïse, au lieu de traîner dans ces cartons. La voiture est coincée. »

« Bon, d'accord, dit Loïse en s'approchant. Dis, tu crois que cette voiture appartenait à papa ? »

À nouveau, des petits cris se font entendre. Et cette fois-ci, Ilam les a entendus aussi. Sans plus attendre, il se précipite derrière la pile de cartons d'où proviennent les plaintes.

C'est alors que les enfants découvrent trois chatons gris qui appellent leur mère en miaulant. Ils sont tout juste nés et se

tiennent sur le sol en terre battue, tremblants et pelés, sans poils et sans défense.
« Ah ! Ils sont vraiment trop vilains ! hurle Ilam qui en attrape un par le cou. On dirait des rats, d'affreux petits rats ! » Et il secoue le chaton comme une poupée de chiffons. Terrorisé, le chaton miaule de plus en plus fort.
Soudain, Ilam le lâche, car il a vu la maman chat s'approcher de lui, toutes griffes dehors, prête à bondir. Les deux enfants courent se cacher dans la voiture de leur grand-père. De ce poste d'observation, ils voient la chatte déplacer un à un ses chatons en prenant leur cou dans sa gueule, pour les mettre en lieu sûr, derrière le tas de bois. Tous, sauf celui qui a été secoué par Ilam. Il reste seul sur le sol gelé, à miauler, appelant sa mère qui ne semble pas disposée à s'occuper de lui. D'ailleurs, elle a disparu et la petite bête s'épuise à piailler ainsi, sans relâche. Depuis la voiture, les enfants assistent, impuissants, à ce spectacle qui risque de tourner au drame.
D'un bond, Loïse court à la ferme demander conseil à son grand-père, qui lui répond alors : « Mais, Loïse, ce sont des chatons sauvages. Si tu en as caressé un, tu as laissé ton odeur et sa maman risque de l'abandonner. Il ne fallait pas le toucher. »
Loïse n'ose pas lui dire qu'ils ont fait pire que toucher le chaton - ils l'ont secoué dans tous les sens et puis jeté par terre. Elle a honte et, surtout, elle ne veut pas dénoncer son frère. Elle le rejoint dans l'appentis, presque en larmes. Ilam, lui, est paniqué car le petit chaton, épuisé, a fini par s'étaler sur le sol et semble mort. Et la maman chat a définitivement disparu.
« Je ne vois pas d'autre solution que d'appeler Yupsi, dit Loïse. Lui seul peut nous aider. »
La petite fille pense fort à Yupsi le petit dragon, qui arrive immédiatement, dans un battement d'ailes. Il commence par gronder doucement Ilam pour son mauvais comportement envers la petite bête puis, rapidement, il se tourne vers le chaton,

car il a vraiment besoin d'aide. Il demande à Ilam de prendre le petit chat dans ses bras pour le réchauffer et il se met à souffler profondément de son souffle magique, long, tendre et chaud, sur le petit animal quasi inanimé. Ilam le serre avec beaucoup d'affection. Mais le chaton ne bouge toujours pas. Alors Yupsi se met à lécher sa petite tête de sa grosse langue rugueuse de dragon, puis tout son corps, mêlant douceur et vigueur. Sous l'effet de ce massage, le chaton ainsi réchauffé revient peu à peu à la vie. Il ouvre un œil, puis l'autre. Il reprend conscience ! Ilam embrasse sa petite tête en riant. Il est si heureux de le voir en vie.

« Ce petit chat compte désormais sur vous, déclare Yupsi. Il va falloir vous en occuper comme si vous étiez sa maman, le nourrir et surtout en prendre grand soin. » Puis il se tourne vers Ilam en lui adressant un clin d'œil et une petite tape sur l'épaule. « Mais la première mission : il faut lui trouver du lait, car il a l'air affamé. »

À peine Yupsi a-t-il fini de parler que les deux enfants galopent déjà vers la maison de leur grand-père, le petit chat niché au creux de leurs bras.
« C'est sûr, papi va pouvoir nous aider à nourrir notre chaton, souffle le petit garçon à sa sœur. Nous n'avons pas un instant à perdre, nous en sommes responsables. » Sur le perron, Loïse se retourne et salue Yupsi qui se prépare à s'envoler. D'un grand geste de la main, elle lui lance un chaleureux merci et Yupsi lui sourit en retour. Le frère et la sœur ressentent un grand bonheur. C'est certain, ils vont bien s'occuper du chaton et respecteront désormais tous les animaux.

Comme Yupsi le petit dragon,
Ouvre tes yeux,
Ouvre ton cœur.
Tu verras combien c'est bon
D'aider les autres.
C'est le bonheur !

Maintenant, l'heure des 3 respirations est venue[6] !

8

La via ferrata de la joie

« Adieu, dit le renard. Voici mon secret : il est très simple.
On ne voit bien qu'avec le cœur.
L'essentiel est invisible pour les yeux. »

Le Petit Prince, Antoine de Saint-Exupéry

Ce matin-là, les premiers rayons du soleil ne tardent pas à réveiller Gaspard et Philomène, tout endormis dans leur petit lit de bois. Au loin, le tintement joyeux des cloches des vaches broutant dans les alpages les invite à se lever. Tous deux commencent leurs vacances en Savoie chez leurs cousins, les jumeaux Théo et Léo. Les enfants sont rapidement debout et montrent une certaine excitation, car aujourd'hui est un grand jour : leur oncle, qui est guide de haute montagne, les emmène faire leur première via ferrata.

Le petit déjeuner est déjà prêt et une bonne odeur de café se répand dans le chalet. Les questions fusent de toutes parts. Philomène se lance la première, car elle est un peu anxieuse. Elle vit à Paris et n'est donc pas une grande habituée de la montagne.

« Dis, Oncle Guillaume, explique-nous, qu'est-ce que c'est, une via ferrata ? C'est difficile ? »

« Mais non, mais non, la rassure son oncle, tes cousins l'ont déjà souvent faite et ils adorent ça. »

« Il y a des barres de fer scellées dans la montagne qui font comme des marches. Tu n'auras qu'à grimper d'une marche à l'autre », explique le jeune Théo, qui s'est toujours bien entendu avec sa cousine.
« Mais alors, c'est dangereux », insiste Philomène, toujours un peu inquiète.
« Non, il ne peut rien t'arriver, dit Léo, le jumeau. Papa va te mettre un baudrier. Ce sont des sangles que tu porteras sur tes vêtements et qui sont très solides. Tu seras reliée à une corde. Comme ça, tu ne pourras pas tomber. »
Devant la confiance inébranlable de ses cousins, Philomène reste calme et s'applique à engloutir son petit déjeuner pour avoir des forces, comme le lui répète son oncle. Enfin, le groupe d'explorateurs est prêt. Tout le matériel nécessaire est chargé dans la voiture qui les emmène en expédition. Au bout d'une jolie route qui déroule ses zigzags à flanc de montagne, l'équipage s'arrête au bord d'un très beau lac bleu, le lac de la Rosière.
« Venez, je vais vous aider à mettre vos baudriers et vos casques », dit le guide.
« Pourquoi des casques ? » demande Philomène.
« Parce que des pierres peuvent tomber sur ta tête, des pierres lâchées par ceux qui seront au-dessus de toi », lui répond le guide, très professionnel.
Gaspard, lui, n'écoute rien, il semble préoccupé. De part et d'autre du beau lac se dressent deux montagnes très abruptes, et Gaspard sent déjà ses jambes flageoler.
« Est-ce que je pourrai rester derrière toi, Oncle Guillaume ? » lui demande-t-il.
« Si tu veux, lui répond son oncle d'un ton rassurant en lui ajustant son casque. Les jumeaux encadreront Philomène et moi, je m'occuperai de toi. »
La joyeuse cordée s'élance derrière son guide. Les enfants attrapent les barreaux un à un et avancent avec facilité.

« Finalement, c'est pas si compliqué », pense Philomène qui monte plutôt aisément. Gaspard, lui, regarde vers le bas et voit le lac devenir de plus en plus petit. Ils traversent ensuite le pont de singe, sur un fil, en riant. Puis vient le pont népalais qui se balance un peu pour franchir le lac.

Ils continuent ainsi tranquillement leur progression quand, soudain, un cri retentit. Oncle Guillaume hurle : « Attention, chute de pierres ! » Mais c'est trop tard, le cri était celui de Philomène, qui a reçu une grosse pierre sur son casque. Cela a provoqué un bruit énorme dans sa tête, si bien que, de surprise et de peur, elle a tout lâché. Heureusement, elle est bien assurée, le baudrier et la corde la tiennent solidement. Il n'empêche que la voilà suspendue dans le vide à près d'un mètre en dessous des barreaux de la via ferrata, ses jambes fluettes battant l'air.

« Théo, déplace tes mousquetons vers le bas et accroche-les bien aux barreaux où sont posés tes pieds. Sors de la via ferrata et tends ta main à ta cousine pour l'aider à remonter », lui ordonne calmement son père.

« D'accord, papa, j'y vais », répond Théo.

C'est alors qu'il réalise qu'il y a beaucoup de vide sous lui et que sa cousine est vraiment loin. Il est pris d'une sorte de vertige et n'ose pas quitter la via ferrata pour poser le pied directement sur la montagne. La peur l'envahit et le paralyse complètement.

« Au secours, Yupsi ! » appelle Théo intérieurement. Depuis plusieurs mois, il est devenu l'ami de Yupsi le petit dragon, et il sait que celui-ci le protège. Alors, pas de doute, il va venir en aide à Philomène. Avec sa queue en escalier, il pourra sans problème l'aider à remonter sur les barreaux de fer.

Or, à la grande surprise de Théo, cette fois-ci, le petit dragon n'apparaît pas. Théo entend seulement une petite voix intérieure qui lui murmure : « Théo, nous avons déjà fait beaucoup de choses ensemble et je sais que tu as confiance en moi. Mais à partir d'aujourd'hui, c'est en toi que tu dois avoir confiance. » En

recevant ces paroles, Théo a tout à coup l'impression que le petit dragon s'est glissé en lui. Yupsi continue de lui parler : « Puisque tu veux accomplir une bonne action en aidant Philomène, c'est ton cœur qui va te guider, et tu réussiras. N'oublie pas, Théo, je suis avec toi. Utilise le souffle magique. »
Théo a confiance en Yupsi. Il souffle alors de toutes ses forces en imaginant que la peur et le vertige sortent de lui dans une fumée noire. Et il prend une grande inspiration pour emmagasiner toute l'énergie et la force contenues dans l'air blanc qui entre en lui. Il renouvelle cette opération plusieurs fois, jusqu'à ce qu'il sente la peur le quitter. Il décroche alors le premier mousqueton et l'accroche sur la barre de fer en contrebas, puis il fait de même avec le second. Ensuite, il pose son pied sur le rocher que son père lui avait indiqué. Enfin, il tend la main le plus loin possible et réussit à attraper celle de Philomène. La petite fille est aussitôt rassurée et grimpe d'un bond sur la montagne pour regagner la via ferrata. Théo, fou de joie, se met à crier : « Youpi, youpi ! ». Au fond de son cœur, il remercie le petit dragon de toute l'aide et du soutien qu'il lui a apportés.

L’aventure est désormais terminée et tous s’installent près du lac de la Rosière pour un pique-nique bien mérité. Il faut dire que l’émotion a creusé l’appétit des enfants. Levant alors les yeux vers le ciel bleu électrique, Théo aperçoit un tout petit nuage en forme de dragon qui semble lui faire un clin d’œil d’amour.

Comme Yupsi le petit dragon,
Ouvre tes yeux,
Ouvre ton cœur.
Tu verras combien c’est bon
D’aider les autres.
C’est le bonheur !

Maintenant, l’heure des 3 respirations est venue[6] !

III

Méditations pour les plus grands à partir de 5 ans

La première méditation avec ton nounours n'a plus de secret pour toi. Voudrais-tu maintenant que Yupsi te montre d'autres exercices d'entraînement de ton esprit un peu plus difficiles[7] ?

ROUTINE QUOTIDIENNE DU SOIR

- Ouvrir le cœur aux autres (lecture d'un conte sur la bienveillance)
- Son (ritournelle enjouée de Yupsi)
- *Méditation du souffle* (lumière blanche et fumée noire)
- *Méditation de la gratitude* (apprécier sa journée)
- Introduction progressive de la *méditation de l'introspection*

La routine va rester la même, mais avec des méditations un peu plus élaborées et une introduction progressive de la **méditation de l'introspection.** *Cette dernière méditation va vraiment dépendre de la personnalité de chaque enfant et de son degré de maturité. Nous laissons donc ici chaque parent juger de l'opportunité d'étendre la pratique de son enfant et de lui proposer quelque chose de bien adapté. À chacun de puiser dans la méditation décrite précédemment.*

1

Méditation du souffle : lumière blanche et fumée noire

Ici, tu vas refaire l'exercice de respiration, le même que celui que tu faisais lorsque tu étais plus petit, mais en un peu plus complet parce que tu as grandi et que tu es désormais capable de le faire presque comme ton papa ou ta maman.

Reprends la posture que tu connais bien.

Commence par souffler par les deux narines et pense que tout ce qu'il y a de méchant sort de ton nez par une fumée noire. Est-ce que tu imagines vraiment la fumée noire qui sort de ton nez ?

1. Bouche ta narine gauche avec l'index de ta main gauche, inspire profondément par la narine droite. Pense à toutes les bonnes choses qui t'arrivent sous la forme d'une lumière blanche qui entre dans ton nez… Garde l'air une ou deux secondes dans ton ventre en reposant ta main gauche.

2. Puis, avec l'index de ta main droite, bouche ta narine droite et expire l'air sous forme d'une fumée noire par la narine gauche… Toutes les choses que tu n'aimes pas s'en vont… Marque une courte pause.
3. Garde toujours la narine droite bouchée et inspire de nouveau par la narine gauche. Pense à toutes les bonnes choses qui t'arrivent sous la forme d'une belle lumière blanche qui entre dans ton nez. Garde bien l'air une seconde dans ton ventre en reposant ta main droite.
4. Bouche maintenant ta narine gauche avec l'index de la main gauche et expire par la narine droite tout ce qui t'ennuie, tout ce qui te semble méchant. Imagine que tout part sous la forme d'une fumée noire. Repose ta main gauche… Marque une courte pause.

5. Avec les deux narines, inspire profondément toutes les bonnes pensées positives en les visualisant sous la forme d'une lumière blanche qui entre dans ton corps… Garde bien l'air une seconde dans ton ventre.
6. Expire assez fort par les deux narines pour évacuer toutes les mauvaises pensées négatives en les visualisant sous la forme d'une fumée noire qui sort de ton nez… Marque une courte pause.

Et voilà, c'est fini ! C'est bien de faire cet exercice trois fois, si tu veux. Lorsque tu recommences une série, démarre bien en bouchant ta narine gauche.

Observe ce que tu ressens : est-ce que tu te sens mieux parce que la fumée noire t'a débarrassé de tout ce qui t'ennuyait ? La belle lumière blanche t'a-t-elle apporté plein de bonnes choses ? Si tu t'es emmêlé avec les doigts et les narines, ce n'est pas grave. Cela arrive à tous les enfants au début. Mais tu vas vite apprendre et l'exercice deviendra vite naturel. Tu dois aussi apprendre à trouver ton propre rythme de respiration. Très lent et détendu.
En grandissant, tu trouveras cette forme de méditation très facile et tu pourras la faire n'importe où. Elle te servira pour bien réussir à l'école, pour tes examens et même pour ton travail plus tard.

2

Méditation de la gratitude

Comme tu en as déjà l'habitude, reste assis sur ton coussin ou assieds-toi au bord de ton lit, ferme les yeux et pense à tout ce qui t'est arrivé de bon dans cette journée.
Pense à ta maîtresse et à tout ce qu'elle a fait de gentil… Pense à tout ce qui s'est passé de bien à l'école… Pense à tes parents et à tout ce qu'ils ont fait pour toi… Pense aux bons moments passés avec tes amis…
Maintenant, tu peux aussi étendre tes pensées à tes grands-parents, tes frères et sœurs si tu en as, tes parrain et marraine, tes oncles et tantes, tes cousins et toute ta famille. Est-ce qu'ils ont fait quelque chose de gentil pour toi aujourd'hui ?… Ils t'aiment sans doute tous beaucoup, apprécie-le.
Apprécie aussi d'être en bonne santé, si c'est le cas. Apprécie de ne pas être malade.
Apprécie d'avoir des amis gentils avec qui tu t'amuses bien. Pense aussi à tous les enfants du monde.
Reste silencieux pour apprécier tout cela, si tu peux, au moins une minute.

Observe ce que tu ressens : te sens-tu rempli d'amour et de joie ? Sens-tu comme tu es tout heureux ?

3

Dédicace à tous les enfants du monde

Yupsi fait maintenant une dédicace. Il formule des souhaits bienveillants pour toi et pour tous les enfants du monde entier. Fais comme Yupsi. Souhaite au fond de ton cœur que tous les enfants soient heureux. Tu peux dire à haute voix : « Je souhaite que tous les enfants du monde ne souffrent pas, qu'ils ne soient pas malades et qu'ils soient heureux pour toujours ! »

BONNE NUIT !

4

Pour ceux qui en veulent encore plus...

Si tu veux te dégourdir les jambes, Yupsi connaît un autre exercice méditatif très simple et amusant. C'est l'un de ses exercices préférés. Tu peux t'entraîner à la méditation en marchant, à la maison, au parc, avec tes amis dans la cour de récréation ou même dans la rue. Le mieux est de profiter d'un endroit plus calme comme le bord de la mer ou la montagne, si jamais tu as la chance d'y aller ou d'y vivre.
Profite bien de chaque pas.

Marche méditative

1. Mets-toi debout et reste tranquille quelques secondes. Respire doucement avec ton ventre (repense au mouvement de ton petit nounours qui avançait et reculait avec ta respiration). Tes pieds sont lourds et appuient bien sur le sol. Laisse tes bras devant toi, bien détendus, puis pose le dos de ta main gauche juste au-dessous de ton nombril ; la paume de ta main droite vient alors recouvrir celle de la gauche. Les deux mains se referment l'une sur l'autre, sans tension.
2. Fixe un point devant toi. Sens ou imagine la brise qui vient de la mer et caresse ton visage, ou ressens la nature autour de toi.
3. Maintenant, commence à marcher. Décolle le talon droit, inspire en gonflant le ventre (souviens-toi de ton nounours qui

montait). Soulève le pied et avance la jambe droite lentement. Sens ton souffle qui monte vers tes poumons et tes côtes qui se gonflent. Laisse tes pensées aller et venir, mais n'entreprends pas une grande discussion avec toi-même.

4. Pose le pied droit et expire en le posant. En soufflant, pousse avec ton ventre vers le haut. Ton ventre se creuse (souviens-toi de ton nounours qui descendait). Puis tes côtes se contractent. Appuie bien ton pied sur le sol. Apprécie la terre sous ton pied. Laisse tes pensées aller et venir.
5. Ensuite, décolle le talon gauche et inspire profondément en gonflant bien le ventre. Soulève le pied et avance la jambe gauche lentement. Sens ton souffle qui monte vers les poumons et tes côtes qui se gonflent. Laisse tes pensées aller et venir.
6. Pose le pied gauche et expire en le posant. En soufflant, pousse avec ton ventre vers le haut. Ton ventre se creuse. Puis tes côtes se contractent. Prends ton temps. Apprécie le sol sous ton pied.

Et tu recommences pendant quelques minutes, un pied devant l'autre.

Dans la marche méditative, observe tout d'abord ta respiration. Si tu n'es pas sûr de bien faire cette respiration, Yupsi te donne une petite astuce. Pendant deux ou trois respirations, pour vérifier le mouvement de tes poumons en plus du mouvement de ton ventre, tu peux mettre tes mains de chaque côté de ta taille. Vérifie bien d'abord que ton ventre se gonfle ou se creuse et ensuite que tes poumons se gonflent et se contractent. Apprendre à bien respirer est important pour ta santé. Tu peux aussi vérifier ta respiration dans ta vie quotidienne : pense bien à souffler ta bougie d'anniversaire ou une fleur de pissenlit en poussant avec ton ventre.
Observe aussi tes émotions. Utilise le rythme lent de tes pas et de ta respiration pour te calmer petit à petit. Sois connecté à tout ce qui t'entoure. C'est une très belle manière de passer une bonne journée.
Il n'est pas obligatoire que tu fasses cette marche méditative tout seul. Tu peux aussi la faire avec tes amis, en file indienne, les uns derrière les autres. Mais attention, il faudra que vous restiez concentrés et que vous gardiez le silence.

Test ludique des « gommettes-cadeaux »

Niveau de la bienveillance de votre enfant après 10 semaines d'exercices de méditation

Yupsi t'a encore apporté plein de cadeaux. Mais à qui vas-tu les donner cette fois ? (Donnez la page de gommettes à votre enfant.)

Tu peux les donner à ton ou ta meilleur(e) ami(e), à un enfant que tu ne connais pas, à un enfant malade ou accidenté ou à quelqu'un de ta classe qui t'ennuie tout le temps.

Maintenant, colle les gommettes sur les cadeaux. Tu peux en offrir autant que tu veux et à qui tu veux.

Qu'est-ce qui a changé depuis le premier test ?

Ton/ta meilleur(e) ami(e)

total

Enfant inconnu

total

Enfant malade

total

Celui/celle qui t'ennuie le plus

total

Conclusion

Un projet de vie pour votre enfant

En tant que parent, il est fort probable que vous ayez envie de poursuivre l'aventure de la méditation avec votre enfant. Tout d'abord parce que vous savez maintenant que l'enjeu vaut largement l'effort, mais aussi parce que vous avez goûté à cette nouvelle relation de proximité et de complicité que vous avez développée avec lui lors des pratiques méditatives.

Grâce au souffle magique de Yupsi, votre enfant se construira peu à peu un équilibre psychique solide qui l'aidera à faire face aux difficultés du monde actuel. Il est aussi possible, selon la capacité de votre enfant, qu'il soit déjà plus serein, qu'il se mette moins en colère, qu'il dorme mieux. C'est très encourageant, mais il faut se rappeler que tous ces résultats seront éphémères sans persévérance. Par un entraînement de l'esprit à l'altruisme et en prenant le réflexe de se concentrer sur lui-même, votre enfant développera une relation différente aux autres, bienveillante et sans violence, et il respectera davantage les animaux et l'environnement.

Souhaitons que cette éducation éclairée se répande afin qu'une nouvelle génération d'enfants arrive assez nombreuse pour développer une société dans laquelle tous pourront vivre avec moins de stress et plus de joie. Ce souhait n'est pas hors de portée, puisque votre enfant et votre famille ont déjà commencé à le réaliser avec Yupsi.

Notes

[1] Daniel Goleman, *Cultiver l'intelligence relationnelle. Comment maîtriser notre relation aux autres pour vivre mieux*, © Robert Laffont, 2009 ; Pocket, 2011.

[2] Daniel Goleman, *ibid.*

[3] Matthieu Ricard, *L'Art de la méditation*, © Nil Éditions, 2008 ; Pocket, 2010, p. 59 à 66.

[4] S.E. Gyalwa Dokhampa, *La Retraite de l'esprit. Trouver le calme dans un monde agité*, © Marabout, 2015, 2e édition avec CD de méditation, p. 81 à 184.

[5] Matthieu Ricard, *Plaidoyer pour l'altruisme*, © Nil Éditions, 2014, p. 608 à 625.

[6] Vous pouvez retrouver la méditation aux pages 93 (pour les petits) et 133 (pour les plus grands).

[7] Méditation simplifiée par les auteures pour les enfants d'après S.E. Gyalwa Dokhampa, *La Retraite de l'esprit, trouver le calme dans un monde agité*, « La méditation quotidienne du souffle » (p. 103 à 120) et « La marche » (p. 166 à 179).

Quelques lectures...

ANDRÉ, Christophe et LELORD, François, *L'Estime de soi. S'aimer pour mieux vivre avec les autres*, Odile Jacob, 2008.

ANDRÉ, Christophe, KABAT-ZINN, Jon, RABHI, Pierre et RICARD, Matthieu, *Se changer, changer le monde*, J'ai lu, 2015.

S.S. LE DALAÏ-LAMA, *Les Étapes de la méditation. Commentaires de Sa Sainteté sur le texte de Kamalashila*, Trédaniel Poche, 2008.

FILLIOZAT, Isabelle, *Au cœur des émotions de l'enfant*, Marabout, 2013.

FILLIOZAT, Isabelle, *Il n'y a pas de parent parfait*, Marabout, 2013.

GIESBERT, Franz-Olivier, *L'animal est une personne*, Fayard, 2014.

GOLEMAN, Daniel, *Surmonter les émotions destructrices. Un dialogue avec le Dalaï-Lama*, préface de Matthieu Ricard, Pocket, 2008.

GOLEMAN, Daniel, *Cultiver l'intelligence relationnelle. Comment maîtriser notre relation aux autres pour vivre mieux*, Pocket, 2011.

S.E. GYALWA DOKHAMPA, *La Retraite de l'esprit. Trouver le calme dans un monde agité*, 2e édition avec CD de méditation, Marabout, 2015.

S.S. LE GYALWANG DRUKPA, *Le bonheur est déjà là. Comment créer de l'espace pour l'accueillir dans notre vie,* préface de Frédéric Lenoir, Marabout, 2015.

HENRY, Sébastien, *Ces décideurs qui méditent et qui s'engagent,* Dunod, 2014.

KABAT-ZINN, Jon et DAVIDSON, Richard, *L'esprit est son propre médecin. Le pouvoir de guérison de la méditation,* Les Arènes, 2014.

KABAT-ZINN, Myla et Jon, *Être parent en pleine conscience,* préface de Christophe André, Pocket, 2015.

LOYOLA, Saint Ignace de, traduit par Gueydan, Edouard, *Exercices Spirituels*, DDB Bellarmin, 1992

LENOIR, Frédéric, *Socrate, Jésus, Bouddha. Trois maîtres de vie,* Fayard, 2009.

Regard bouddhiste, « Apprendre, recevoir, transmettre », n° 8, janvier-février 2015.

RICARD, Matthieu, *Plaidoyer pour les animaux*, Allary Éditions, 2014.

RICARD, Matthieu, *Plaidoyer pour l'altruisme. La force de la bienveillance,* Nil Éditions, 2013.

RICARD, Matthieu, *L'Art de la méditation,* Nil Éditions, 2010.

Initiatives françaises

Dans ce livre, nous nous sommes essentiellement reportées aux expériences d'entraînement de l'esprit des enfants étudiées aux États-Unis. Il faut cependant savoir qu'en Europe aussi, les expériences de ce type existent, en Allemagne, en Finlande et ailleurs. En France, des écoles pilotes se lancent dans l'éducation altruiste et nous ne voulions pas refermer ce livre sans vous en parler. Les voici :

La Living School

www.livingschool.fr

Chaque matin, les élèves de cette école, située près des Buttes-Chaumont à Paris, commencent les cours par trois quarts d'heure d'exercices d'entraînement de l'esprit et ils apprennent le savoir-être.

La Ferme des Enfants

www.la-ferme-des-enfants.com

Cette école, située dans l'écovillage du Hameau des Buis, en Ardèche, s'inspire de la méthode Montessori et apporte une éducation fondée sur la bienveillance.

L'école du Colibri

www.lesamanins.com

Cette école située aux Amanins, dans la Drôme, fait découvrir aux enfants l'altruisme écologique à travers le jardinage, l'élevage, le recyclage, etc.

Comme la Ferme des Enfants, cette école s'inspire de la vision agroécologique de Pierre Rabhi.

Graine d'école

www.grainedecole.com

Cette association située près de Lyon a pour but d'accompagner l'enfant à devenir « l'adulte épanoui et responsable de demain ».

L'école Le Caousou

www.caousou.com

Ce groupe scolaire jésuite de Toulouse propose à ses élèves de l'école maternelle et primaire des séances de respiration, de visualisation et de dialogue contemplatif basés sur les exercices spirituels de saint Ignace de Loyola, fondateur de la Compagnie de Jésus.

Et sans doute nombre d'autres écoles qui n'ont pas été portées à notre connaissance ou qui sont autant de promesses à venir !

Remerciements

Nous remercions toutes celles et tous ceux qui nous ont apporté leur aide.

Notre plus profonde gratitude va à nos maîtres spirituels. Sans le constant soutien de leur sagesse et de leur compassion, nous n'aurions pu rédiger cet ouvrage : Sa Sainteté le Gyalwang Drukpa, chef spirituel de la lignée Drukpa, la lignée du Dragon – *druk* veut dire « dragon » –, l'une des principales Écoles bouddhistes des Himalayas, fondée par le grand saint indien Naropa, dont le millénaire sera fêté en Inde du Nord, au Ladakh, en juillet 2016. Et Son Éminence Gyalwa Dokhampa, Jigme Pema Nyinjadh, reconnu par le Dalaï-Lama comme la neuvième incarnation du Gyalwa Dokhampa, installé au Bhoutan, pays qui honore la lignée Drukpa comme religion d'État. Ses enseignements jeunes, dynamiques, particulièrement accessibles et clairs pour les débutantes que nous sommes, ont été pour nous une grande source d'inspiration.

Nous remercions nos amies Agnès Vidalie et Amélie Poggi des éditions Marabout d'avoir eu l'idée de nous demander d'ajouter à notre livre une partie dédiée aux parents, ainsi qu'Hélène Gédouin, directrice éditoriale, qui a soutenu notre projet.

Nous remercions nos amies qui ont eu la patience de lire plusieurs fois ce texte : Jeanne Bouchet, qui y a apporté de grandes améliorations, et Cécile Servais pour la qualité et la richesse de ses réflexions, ainsi que Danièle Bonnevie pour le partage de ses connaissances du monde animal, si utiles pour nos contes.

Merci à Guillaume Prin pour avoir composé et interprété cette jolie ritournelle enjouée et à Caroline Prin pour sa gracieuse réalisation de l'enregistrement.

Merci à Olivier Adam pour son indéfectible soutien et son enthousiasme contagieux.
Merci aux éditions Marabout, à Marion Salort, qui a si bien compris notre projet et nous a épaulées avec justesse dans sa finalisation, à Lucie Léna, qui nous a accompagnées avec tant de gentillesse dans le monde de l'édition qui nous était inconnu, à Adejie, à qui nous devons toutes ces si belles illustrations.
Et des remerciements tout particuliers à Matthieu Ricard pour sa compréhension si fine de notre projet et la profondeur de sa préface.

Le dénouement du conte « L'enfant du Ladakh » n'est pas dans le livre second.
En réalité, le jeune Tsering Dorjee a été inscrit à la *Druk White Lotus School* à Shey, Ladakh, en Inde du Nord. C'est une école pilote et écologique qui accueille plus de mille enfants. Si vous voulez joindre votre soutien à celui des auteures et permettre à de jeunes enfants d'être scolarisés, vous pouvez contacter directement l'école à www.dwls.org ou la fondation caritative Live to Love France (112 Bd de la Chapelle, 75018 Paris – www.live2love-france.org) qui sponsorise cette école et gère de nombreux projets humanitaires en Inde, au Bhoutan et au Népal où elle est très active pour la reconstruction du pays.

Table des matières

Imprimé en Espagne par Unigraf
Pour le compte des éditions Hachette Livre (Marabout)
58, rue Jean-Bleuzen – CS 70007
92178 Vanves Cedex
Achevé d'imprimer en décembre 2015
ISBN : 978-2-501-11167-6
37.6452.6/01
Dépôt légal : janvier 2016